# COFION CYNNES

# COFION CYNNES

Lyn Ebenezer

*Argraffiad cyntaf: Hydref 2002*

*Rhif Llyfr Safonol Rhyngwladol:*
*0-86381-795-5*

*Cyhoeddir o dan gynllun comisiwn*
*Cyngor Llyfrau Cymru.*

*Cynllun clawr: Sian Parri*
*Llun clawr: Arvid Parry-Jones*

*Argraffwyd a chyhoeddwyd gan Wasg Carreg Gwalch,*
*12 Iard yr Orsaf, Llanrwst, Dyffryn Conwy, LL26 0EH.*
☎ *01492 642031*
🖷 *01492 641502*
✆ *llyfrau@carreg-gwalch.co.uk*
*Lle ar y we: www.carreg-gwalch.co.uk*

*Cyflwynedig i Emyr Llew,*
*y Cymro cywiraf.*

# Rhagair

Annwyl Gyfeillion,

Dim ond gair bach i ddweud fod rhai o'ch hanesion chi bellach mewn print. Fe wnâi chi synnu gymaint o ddarllenwyr, ar ôl gweld cyfeiriadau atoch chi yn *Cae Marged*, a gyhoeddwyd ddeng mlynedd yn ôl, wnaeth fy annog i gofnodi mwy o hanesion amdanoch chi. Wel, fy hen ffrindiau, dyma nhw.

Rhaid dweud eich bod chi'n griw amrywiol iawn i fod gyda'ch gilydd rhwng dau glawr. Pwy wnâi feddwl y byddet ti, Dic Bach, yn rhannu'r un gyfrol â Gwenallt? A thithau Jac Pantyfedwen. Ychydig wnest ti freuddwydio y byddet ti'n cael yr un faint o sylw â Niclas Y Glais. Ond fel y dywed y Gair, 'Yn nhŷ fy Nhad y mae llawer o drigfannau'.

Rhyfedd meddwl hefyd fod yna yn eich plith rai y gwnes i eich adnabod am flynyddoedd tra i mi ddod yn ffrindiau ag eraill ohonoch o fewn treigl ychydig oriau, a hynny ar hap. Ond dyna fe, nid amser sy'n profi beth yw gwir gyfeillgarwch. Eneidiau cytûn yn cydgyfarfod sy'n bwysig. Goginan, fe fuon ni'n fêts am y rhan helaethaf o hanner canrif. Ond Jimmy Boyle, fe wnaethon ni'n dau ddod yn ffrindiau o fewn un bore. Wyt ti'n cofio'r sesiwn honno yn yr *Old Stand* ym Mullingar?

Twm Pickfords, dyna hwyl gawsom ni'n crwydro Cymru ym mlynyddoedd *Hel Straeon*. A Stephen Behan, un prynhawn yn unig gawson ni ym *Mooneys* ar gornel uchaf Moore Street. Ond diawl, dyna beth oedd prynhawn. Wrth inni adael, rwy'n tyngu i mi weld gwên ar wyneb delw Parnell.

Gwn rhag blaen y byddwch chi i gyd yn hapus wrth i mi gyflwyno'r gyfrol hon i'r Cymro didwyll a chywir hwnnw, Emyr Llew. Ar ei anogaeth ef, yn fwy na neb, y gwnes i fynd ati i roi eich hanesion ar bapur. Mae Llew wedi cerdded llwybr unionsyth gydol ei fywyd, er i hwnnw, ar brydiau, fod yn llwybr caregog ac unig iawn. Hoffwn feddu ar gymaint ag un owns o'i ddewrder ef.

Wel, fy hen ffrindiau, mae'n bryd i fi roi'r beiro yn y drôr am y tro. Diolch am gael eich adnabod chi bob un. Rwy'n gweld eich eisiau yn fawr. Un dydd fe fydda i gyda chi ac fe fydd y cylch yn gyfan unwaith eto. A dyna barti gawn ni bryd hynny. A Defis Bach, cofia ofalu y bydd yna beint neu ddau yn fy nisgwyl y tu ôl i'r bar nefolaidd. Fe wnes i roi dwsinau i ti y tu ôl i far y *Cambrian* ers talwm.

Ond am y tro, hwyl fawr i chi i gyd, fy hen gyfeillion. Diolch i chi bob un am gyfoethogi fy mywyd.

*Cofion Cynnes,*
*Lyn.*

O.N. Eirwyn, wyt ti'n cofio arwyddo fy nghopi o *Hyfryd Iawn* yn Steddfod Aberafan? Y geiriau wnes ti eu nodi oedd: 'Diolch, Lyn am ddal y gannwll'. Fe wnes i fy ngorau i'w dal hi, do. Ond i ti y mae'r diolch am gynnau'r fflam yn y lle cynta.

*Lyn.*

# Twm Pickfords

'Glaw pryfoclyd. 'Sdim byd yn wâth na hen law pryfoclyd. Sbotyn fan hyn, sbotyn fan draw. Pam ddiawl na wneith hi fwrw glaw yn iawn?'

Glaw pryfoclyd i Twm Pickfords oedd glaw nad oedd yn un peth na'r llall, a chas beth gan Twm fyddai rhywbeth fel hynny.

Fe wnaeth Twm Pickfords fy ngyrru i bob rhan o Gymru a thu hwnt tra oeddwn i'n gweithio efo *Hel Straeon*. Ei enw iawn oedd Tom Evans, ond i bawb â'i hadnabu – ac roedd yna gannoedd o'r rheiny ledled gwledydd Prydain, Twm Pickfords oedd e'. Hynny am iddo, am flynyddoedd, fod yn yrrwr loris i'r cwmni hwnnw a arbenigai mewn cludo dodrefn wrth symud pobl o un man i'r llall.

Roedd Twm hefyd yn yrrwr bysus, ond yn anffodus fe wnâi'r bysus fwy o filltiroedd i'r galwyn na wnâi Twm. Am bob galwyn o ddisel a lyncai'r bws, fe lyncai Twm ddogn cyferbyniol o gwrw. A hynny fesul hanner peint. Ni chredai mewn yfed peints. Iddo ef, roedd yfed deg hanner peint yn llawer mwy cymedrol a gwaraidd nag yfed pum peint.

Fi fyddai'r olaf i glodfori unrhyw un sy'n ddigon gwirion i godi'r bys bach a gyrru, ond roedd Twm yn feistr ar yrru – ac ar yfed, petai hi'n dod i hynny. Fe feddai ar ddawn oruwchnaturiol, bron, i ganfod ei ffordd i rai o fannau mwyaf anhygyrch Cymru, a dawn colomen i ganfod ei ffordd adre wedyn.

Mae peilotiaid, mae'n debyg, yn llywio'u hawyrennau yn rhannol drwy ddibynnu ar rwydwaith o begynau sefydlog sy'n gyrru negeseuon electroneg allan rhwng y ddaear ac ymennydd y peiriant hedegog. Tafarndai oedd y pegynau a lywient siwrneiau Twm.

Mynych fu'r teithiau hynny rhwng Aberystwyth a Chaernarfon, lle'r oedd prif swyddfa *Hel Straeon*. Ugain munud i mewn i'r daith a byddai stop yn y *Blac* yn Nerwenlas.

'Mae'n rhaid i fi stopo i gâl pisiad. Yr hen bledren yn wan. Dwi ddim yn gwbod be' sy'n bod arna i'n ddiweddar 'ma. Ro'dd 'y mhledren i'n arfer bod mor saff â'r Claerwen Dam.'

Byddai'r stop i biso yn golygu llyncu hanner peint o gwrw hefyd.

Gyrru i gyffiniau'r Ganllwyd. Stop yng ngwesty *Tŷ'n Llan*. Pisiad a hanner peint. O fewn hanner milltir, pasio toiled cyhoeddus.

Ymlaen i'r Groeslon a chyrraedd y *Newborough*.

'Ma' John, o'dd yn arfer cadw tafarn y *Falcon* yn Llanilar yn cadw'r lle 'ma nawr. Gan bo' fi isie pisiad, man a man i fi stopo fan hyn.'

Pisiad. A hanner peint arall. Ar ôl cyrraedd Caernarfon fe fyddwn i'n treulio dwy neu dair awr yn lleisio eitem, hwyrach, neu'n ffilmio. Ac fe âi Twm i lawr i'r dre i grwydro'r tafarndai i ladd amser. Cychwyn nôl am adre tua'r pump o'r gloch.

'Diawl, gwed ti be' fynnot ti, hen bobol iawn yw'r Gogs. Tancwyr bach nêt hefyd.'

A'r un patrwm ar y ffordd adre. Stop yn y *Newborough*. Stop yn *Nhŷ'n Llan*. Stop yn Nerwenlas.

Fe gafodd ei siomi'n fawr unwaith wedi iddo fy ngyrru i Lanfairpwll. Ffilmio stori yn ymwneud â swydd gofalwr i Dŵr Marcwis oeddwn i. Gadewais Twm yn y dafarn agosaf i'r tŵr. Gorffennais y sgwrs o fewn llai na hanner awr a nôl â mi. Pan welodd Twm fi, fe fu bron iddo dagu ar ei gwrw. Syllodd yn syn ar ei wats.

'Bachan diawl, be' sy'n bod arnat ti? Wi'n dal ar yr hanner peint cynta. Ti'n gall, gwêd?'

Bu'n rhaid oedi am hanner awr ychwanegol er mwyn i Twm

fwynhau ei ail hanner. Gyrru drwy Ben Llŷn unwaith, a Twm yn gweld arwydd Bwlchtocyn.

'Diawl, fe fues i'n caru â merch o fan'na unwaith flynyddoedd nôl. Rodd hi'n hen uffernol bryd hynny. Ma' hi siŵr o fod wedi hen farw erbyn hyn. Fyse'n well inni gadw draw o Fwlchtocyn ne' falle y bydd rhywun yn gofyn i fi am gyfraniad at ei charreg fedd.'

O ran pryd a gwedd roedd modd crynhoi ymddangosiad Twm mewn un gair – llawenydd. Gwenai'n barhaol, a byddai ei natur lawen ef yn lledaenu ac yn treiddio drwy bob cwmni â'i hamgylchynai fel gwres tân glo wedi i rywun ei gynnau mewn stafell oer. Fedra' i ddim cofio gweld Twm yn gwgu. Byddai ei wên fel lleuad newydd ar wastad ei chefn a'i lygaid yn disgleirio ac yn wincio fel dwy seren.

Meddai ar gryn ddeallusrwydd. Hoffai ein hatgoffa mai dim ond ef, o blith disgyblion ei flwyddyn yn yr ysgol leol yn Llanrhystud a lwyddodd i basio'r arholiad *Eleven Plus* yn ddigon da i fynychu'r ysgol ramadeg yn Aberystwyth. Adlewyrchid y deallusrwydd hynny yn ei sgyrsiau.

Roedd stôr ei storïau'n ddihysbydd, a medrai ddynwared hen gymeriadau ei ardal yn dda. Adroddai am un hen ffermwr a ymhyfrydai wedi i'w wraig roi genedigaeth i bâr o efeilliaid. Taerai'r ffermwr i'r babanod gael eu cenhedlu ar ochr y ffordd mewn trap a gâi ei dynnu gan gaseg. Ei frol oedd, yn ôl Twm:

'Diawl, peth da i'r boni fach roi plwc neu fe fydde'r wraig wedi câl torred.'

Ac fe adroddai'r cyfan mewn dynwarediad o'r hen ffermwr.

Cychwynnodd ei fywyd o ran gwaith yn was bach ar rai o ffermydd ardaloedd Llanrhystud a Llannon cyn troi at yrru. Adroddai am un ffarmwraig gybyddlyd a wnâi, amser brecwast, roi hanner ŵy iddo fel gwas bach tra'n rhoi ŵy cyfan i'r gwas mawr. Roedd ei wybodaeth o fywyd amaethyddol cefn gwlad yn y pumdegau cynnar a esgorodd ar wawr oes y Ffyrgi bach llwyd a'r motor-beic *Bantam* gwyrdd yn chwedl. I weision fferm, yn ôl damcaniaeth Twm, fe fu dyfodiad y *Bantam* yn ddigwyddiad llawn mor chwyldroadol â gwawr y *Ferguson*. Hynny yw, fe ddaeth yn bosib i weision fferm deithio gryn bellter ehangach i hel merched – lawer ymhellach na fyddai'n bosibl ar feic. Heb iddo sylweddoli erioed, roedd Twm yn hanesydd cefn gwlad ac yn gymdeithasegwr.

Roedd ganddo ei ieithwedd ei hun. 'Houl' oedd haul. 'Wsnoth' oedd wythnos. 'Pysefnoth' oedd pythefnos. 'Ionor' oedd Ionawr. 'Cenol' oedd canol. 'Dydd Iou' oedd dydd Iau. 'Sgyfrennu' oedd ysgrifennu. A 'giddyl' oedd gilydd. Ac ynganai 'byth' gyda'r 'y' yn gwta, fel yn yr elfen gyntaf yn 'bythynnod'. Ac ynganai 'mynd' fel petai'n odli â'r gair Saesneg *fund*.

Teithiodd drosodd gyda chriw ohonom i Iwerddon unwaith, i dref fach Mullingar, canolfan amaethyddol lle mae'r trigolion yn ffoli ar rasys ceffylau. Cariai gês anferth, un a allai gynnwys digon o ddillad am fis, ond y cyfan a orweddai ynddo oedd ei got fawr.

Ar gyfer yr ymweliad roedd Twm wedi benthyca het porc-pei gan un o'i ffrindiau ac fe'i gwisgodd ar ei ben gydol yr ymweliad bedwar niwrnod. Yn wir, cymaint oedd ei hoffter o'r het fel iddo'i chadw ar ei ben yn y gwely a hyd yn oed yn y bath!

Cyflwynodd ei hun i griw o Wyddelod lleol fel Ned Bassett o Lanidloes a oedd wedi dod draw i brynu ceffyl rasio. Ac fel *Mr Bassett the horse-man* y cafodd ei adnabod yn lleol gydol yr ymweliad.

Ym mhentref Kilbeggan wedyn canfu hen gardotyn ar y stryd. Gwahoddodd Twm ef i mewn i dafarn gyfagos a thalu am ei gwrw drwy'r prynhawn wrth i'r ddau gymharu'r hen ddull o ffermio yn Iwerddon a Chymru. Âi'r hen ŵr i hwyl wrth ddwyn i gof ei arfer o gysgu *on the high ricks*.

Ychydig yn hwyrach, yn Kinnegad, roedd parti priodas yn cael ei gynnal mewn tafarn yng nghanol y dref. I mewn â ni i ymuno yn yr hwyl, a Twm yn cael tynnu ei lun rhwng y pâr priod gan y ffotograffydd swyddogol. Yn wir, fe ymddangosodd

12

Twm mewn pob llun swyddogol a dynnwyd.

Bu Twm ei hun unwaith yn briod, ac roedd ganddo fab. Chwalodd y briodas, ac o ganlyniad, fe chwalodd llawer o hunan-barch yr hen Twm hefyd. Bu'n ŵr trwsiadus; ei wallt yn gymen, bob amser yn gwisgo coler a thei, ac mor lân â phin mewn papur. Ond ildiodd i ddihidrwydd. Yn aml, fe wnâi'r un crys y tro am hydoedd. Am ei gyflenwad o ddillad, dechreuodd ddibynnu ar yr hyn a gâi gan eraill. Ond hyd y diwedd, ni welid ef byth heb dei – yr un tei fel arfer, a honno wedi braenu a magu sglein.

Fe'i cofiaf unwaith yn cerdded i mewn i'r *Cŵps* yn dalog mewn siwt frown heb fawr o draul arni. Teimlai'n falch o'r siwt a gawsai gan gydnabod, nes i gyfaill, Arthur, gerdded i mewn ac edrych arno'n syn.

'Diawl, Twm,' meddai hwnnw, 'Ti'n edrych fel trafaelwr burum.'

Wisgodd Twm 'mo'r siwt honno byth wedyn.

Ar un adeg fe wnaeth wisgo'r un got fawr, un ledr frown, am fisoedd. Gymaint ei ddefnydd ohoni fel i'r hen got fabwysiadu amlinell ei gorff. Cofiodd yn sydyn un noson, wrth i ni gerdded heibio tafarn y *Weston*, iddo'i gadael ar ôl yn y *Cŵps*. Cyngor Arthur iddo oedd:

'Paid â becso, Twm. Fe wneith hi dy ddilyn di adre.'

Wrth iddo ddechrau suddo i gors difaterwch, dechreuodd hefyd esgeuluso'i iechyd. Dibynnai lai ar fwyta a mwy ar yfed. Ond ni phylodd ei hiwmor. Cofiaf yn dda fod yn aelod o griw a deithiodd o dafarn y *Railway* yn Aberystwyth i lawr i Dafarn Fach Pontshân i chwarae dartiau. Fe wnaethom oll, ar wahân i Twm, archebu bwyd. Wrth i ni glirio'n platiau, yfed wnâi Twm. Ond fe adawodd un aelod o'r criw lond plât o bys ar ôl. A dyma fe'n troi at Twm a'u cynnig iddo. Crafodd Twm ei ben am ychydig fel petai mewn penbleth cyn ateb heb hyd yn oed arlliw o wên ar ei wyneb.

'Diawl, dere ag *un* fach, 'te.'

Fe ddeuai criw o Americanwyr i Aberystwyth yn flynyddol

ar gyfer teithio o gwmpas Cymru a Lloegr, a dim ond Twm wnâi'r tro fel gyrrwr. Cyfeirient ato'n barchus fel 'Mistyr Tom'. Pan ofynnodd un ohonynt iddo unwaith, yng nghyffiniau Dolgellau, beth oedd ystyr Cadair Idris, fe atebodd Twm yn awdurdodol:

*Idris' Udder.*

Fe gyrhaeddodd yr Americanwyr yn ôl un noson i'r *Cŵps* yn llawn cyffro wedi iddynt weld Mur Hadrian. A dyma holi Twm am y daith. Dim ond gwenu wnaeth e' cyn gwacáu ei wydryn ac esbonio.

'Do, fe es i â nhw lan i'r ffin â'r Alban, ond rown i wedi cyrraedd nôl i Swydd Efrog pan waeddodd un ohonyn nhw ei fod e' am weld *Hadrian's Wall.* O'wn i ddim yn mynd i droi'n ôl, o'wn i? Fe yrrais i ymlân nes dod i ymyl wal gerrig rhyw ffarm, a stopes i'r bws a gweud wrthyn nhw mai dyma o'dd *Hadrian's Wall.* Diawl, fe fuon nhw wrthi am hanner awr yn tynnu llunie.'

Ac fe lifodd yr êl dros y bar i Twm drwy'r nos fel diolchgarwch yr Americanwyr iddo am ddangos iddynt gampwaith pensaernïol ac adeiladol yr Ymerawdwr Hadrian.

Cofiaf yn dda iddo, un dydd Sul, fy nghludo i a Dylan y mab a Geraint, fy mrawd yng nghyfraith, i fyny i Wembley i weld gêm bêl-droed. Fe'n gyrrodd i ben y Wembley Way a'n gollwng yno gan ein rhybuddio i ddychwelyd i'r union fan ar ddiwedd y gêm.

Safai tafarn gerllaw, ond, oherwydd gwaharddiad yr heddlu, roedd y bar, fel pob bar arall yn y cyffiniau, ynghau. Teimlem, felly, fod Twm, druan, yn mynd i wynebu prynhawn sych ar y naw.

Daeth diwedd y gêm, ac oedd, roedd y car yno gerllaw'r dafarn benodedig, ond doedd dim arwydd fod Twm yn agos i'r lle. Yna dyma weld rhywun yn codi ei law yn ffenest y bar. Twm oedd yno. O blith yr holl filoedd a heidiodd i Wembley, dim ond Twm oedd wedi cael mynediad i'r ffynnon.

Ar y ffordd adre roedd yn rhaid, wrth gwrs, stopio yma ac acw – yr hen bledren yn sgrechian am wacâd. Dyna oedd yr esgus – a phob arosfan, yn ddigon naturiol, yn digwydd bod yn dafarn. Stop yn Chipping Sodbury, o bob man. Un arall ger Ceintyn. A'r tafarnwr, yn y naill le a'r llall, yn cyfarch Twm wrth ei enw.

Ni anwyd yr un creadur a oedd yn fwy cymdeithasol na Twm. Ef fyddai canolbwynt pob sgwrs. Meddai ar lais tenor digon swynol. A phan gwelid ef yn troi i bwyso'i gefn yn erbyn y bar, gwyddem fod cân yn yr arfaeth. Codai ei freichiau wrth ledio'r emyn cyn cau ei lygaid gydag angerdd tra'n morio canu. Ei hoff emyn oedd 'Iesu, Iesu, rwyt ti'n ddigon.' A phryd bynnag y clywaf y geiriau:

Dyma geidwad i'r colledig,
Meddyg i'r gwywedig rai. . .

fe ddaw Twm yn fyw o flaen fy llygaid ac fe ddaw ei lais i lenwi fy nghlustiau.

Ac fe drodd yr hen Twm ei hun yn un o'r gwywedig rai. Fe'i hyswyd gan y cancr. Ac er gwaethaf pob ymdrech feddygol bu farw'n 57 mlwydd oed. Fe'i claddwyd un pnawn dydd Sadwrn ym mynwent Rhiw Bwys ger Llanrhystud.

Weithiau wrth i mi basio'r fynwent fe fydd yr hen law pryfoclyd yna'n cymylu ffenest flaen y car a byddaf yn meddwl am Twm. Ac yna, nid yr hen law pryfoclyd yw'r unig beth sy'n dod i bylu'r llygaid.

# Niclas

Mae'r gyfrol wrth fy mhenelin ar y ddesg. Cyfrol sydd ag iddi glawr coch a'r llun a'r ysgrifen mewn du. Efelychiad o ddrws carchar yw'r llun gyda'r geiriau SWANSEA – BRIXTON ar y top. Wedyn daw'r teitl, *LLYGAD Y DRWS* uwchben llun twll ysbïo, gyda llygad yn syllu drwyddo, ac o dan hwnnw, y geiriau SONEDAU'R CARCHAR. Ac yna, mewn ffrâm ddu, enw'r bardd, T.E. NICHOLAS a'i rif yn y carchar, 2740.

Y tu mewn i'r clawr mae llawysgrifen fy nhad mewn inc du ac mewn ysgrifen flodeuog: *MORGAN EBENEZER, HEULFRYN, BONT.*

Fyddai Nhad byth yn prynu llyfrau. Ei unig ddeunydd darllen fyddai'r ddau bapur lleol, y *Welsh Gazette* a'r *Cambrian News* ynghyd â'r *Daily Herald* a'r *Tribune*. Ar wahân i gerddi Niclas, yr unig gyfrol arall o'i eiddo a welais oedd *In Place of Fear* gan Aneurin Bevan. Rhodd pen-blwydd oedd hi oddi wrth fy chwaer Gwen a'i phriod, Keith. Wnaeth e' ddim prynu *Llygad y Drws* chwaith – ei chael yn rhodd gan Niclas wnaeth e', ond mae'r ffaith iddo'i chadw'n barchus a thorri ei enw arni yn dweud cyfrolau.

Mae'r llawysgrifen yn cofnodi'r parch a ddangosai Nhad at Niclas. Mae'n rhaid troi at dudalen 28 i ganfod arwyddion o'm hedmygedd i o'r awdur. Yno mae'r gyntaf o ddwy soned ar *Long y Plant*, cerddi sy'n cofnodi tristwch y bardd o glywed y si fod llong ffoaduriaid, y mwyafrif mawr yn blant, wedi ei suddo gan yr Almaenwyr ar 22 Medi, 1940. Yn wahanol i'r 127 tudalen arall yn y gyfrol mae hon yn frith o olion fy mysedd, brychau a achoswyd wrth i mi, yn bump oed, fyseddu'r gerdd.

*Llong y Plant* oedd fy hoff gerdd. Ni fedrwn ei darllen, ond gwyddwn yn union ble i'w chanfod yn y gyfrol. A mynnwn, cyn mynd i gysgu bob nos, gael clywed un o'm chwiorydd yn ei darllen i mi.

Ni fynnwn i neb adrodd yr ail soned, cerdd yn cadarnhau ofnau'r bardd. Yn honno mae Niclas yn dychmygu ei fod yn gweld y plant, eu hwynebau bach a'u chwerthin a'u dawnsio o gylch ei wely yn y nos. Mynych y gwelswn innau nhw hefyd yn fy mreuddwydion. Dychmygwn mai angylion oedden nhw.

Rwy'n dal i gredu mewn bodolaeth angylion. Teimlaf yn siŵr i mi weld un unwaith wrth draed fy ngwely. Gwraig oedd hi, un ddigon tebyg i Mam. Ac fe wenai'n gariadus arnaf. Chefais i ddim braw o gwbl. Teimlwn ryw fath o oleuni, rhyw gynhesrwydd yn tarddu ohoni nes llenwi'r stafell. Fe'i gwyliais am tua munud, mae'n siŵr, yna euthum yn ôl i gysgu'n dawel.

Flynyddoedd yn ddiweddarach fe wnes i ganfod hanes *Llong y Plant*. Llong deithwyr oedd *The City of Benares* a hwyliai rhwng Lerpwl a Bombay. Fe'i mabwysiadwyd gan y Llynges Brydeinig ac ar 13 Tachwedd, 1940 fe hwyliodd allan o Lerpwl gyda'r bwriad o gyrraedd Canada. Ar ei bwrdd roedd 406 o deithwyr a chriw, yn eu plith 90 o blant ar eu ffordd i ddiogelwch Montreal a Quebec. Pedwar diwrnod yn ddiweddarach, 600 milltir allan ym Môr Iwerydd, trawyd y llong gan dorpîdo wedi'i thanio o'r llong danfor *U48*, ar orchymyn y Capten Heinrich Bleichrodt. Collwyd 248 o fywydau, yn cynnwys 77 o blant a saith o'u gofalwyr.

Wrth edrych yn ôl, rwy'n siŵr, braidd, mai soned Niclas oedd y peth cyntaf i mi ei ddysgu ar fy nghof erioed. Wedyn wnes i ddysgu rhigymau fel *Dau Gi Bach*. Wedyn wnes i ddysgu adnodau fel 'Iesu a wylodd' a 'Da yw Duw i bawb'. Wedyn wnes i ddysgu Gweddi'r Arglwydd.

Niclas oedd fy arwr cyntaf. Cyn bod sôn am gampau *The Tough of the Track* a *Wilson* yn *Hotspur* a *Wizard*, roedd Niclas yn gawr. Yng nghôl fy nhad mynnwn gael hanes y dyn hwn oedd wedi'i garcharu am iddo wrthwynebu'r Rhyfel.

Mae'r soned yn gorffen gyda'r cwpled:

Mae'r plant ar goll yn awr, merthyron cad,
A minnau yn y carchar am fy mrad.

Trosedd honedig Niclas, a'i fab Islwyn, oedd tanseilio
ymdrechion Prydain yn y Rhyfel drwy achosi braw a
digalondid. Byddai rhai pobl yn mynychu cyfarfodydd
pregethu Niclas a gwneud nodiadau a allent fod yn sylwadau
bradwrol a'u trosglwyddo i'r awdurdodau. Cristnogion
honedig yn ddigon digywilydd i drywanu Cristion go iawn yn
ei gefn. Daethpwyd â thystiolaeth ffug yn erbyn y ddau ac fe'u
carcharwyd yn Brixton, ac yna yn Abertawe am ddeufis. I mi,
yr unig bobl mewn carchar oedd pobl ddrwg. Ni fedrwn ddeall
fel plentyn sut fedrai dyn mor dda â Niclas gael ei garcharu. Yn
wir, fedra' i ddim deall hynny hyd heddiw.

Niclas oedd ein deintydd teuluol. Ef wnaeth dynnu dannedd
Nhad a Mam. Ac o gofio fod Niclas yn llawer gwell bardd na
deintydd, mae'n rhyfedd meddwl mai ef oedd arwr yr aelwyd.

Fe gafodd Dewi Morgan y fraint amheus o wylio Niclas
wrth ei waith unwaith. Tystiai Dewi, a oedd yn olygydd
Cymraeg y *Cambrian News* ac yn fardd cadeiriol Pwllheli 1925,
iddo weld Niclas yn tynnu saith o ddannedd rhyw lanc
anffodus – a rheiny'n ddannedd dwfn – ymhen llai na dwy
funud. Yno yr ymlafniai Niclas, meddai, heb ddiosg ei got fawr
na'i gap.

Pan âi ati i dynnu dant, fe gyfeiriai at ei gwsmer bob amser
fel 'John Jones'. 'Nawr 'te, John Jones, peidiwch becso nawr. Fe
gawn ni hwn mâs heb unrhyw drafferth.' Nid bob amser y
gwireddai ei addewid.

Un dydd fe wnaeth fy Nhad a Niclas gyfarfod â'i gilydd ar y
ffordd fawr ger yr Allt Ddu rhwng y Bont a Thregaron.
Parciodd y ddau eu ceir er mwyn cael sgwrs ym môn y clawdd.
Tra'n sgwrsio, bu Nhad yn ddigon byrbwyll i grybwyll fod
ganddo gilddant oedd braidd yn boenus. Tynnodd Niclas ei fag

o'r car ac ymbalfalodd yn ei berfeddion am ei binsiwrn. Yna gosododd un ben-glin ym mrest Nhad ac fe dynnodd y dant yn y fan a'r lle.

Flynyddoedd yn ddiweddarach, cofiaf un o'm brodyr, John, yn dioddef poenau ofnadwy oherwydd dant tost. Roedd hi'n Sul, a dim gobaith cael gwasanaeth deintydd. Yna cofiodd am Niclas, a oedd, i bob pwrpas, wedi ymddeol. Fe'i ffoniodd, a dyma hwnnw'n dweud wrtho am yrru fyny ato i Aberystwyth ar unwaith. Gymaint oedd y boen fel na wnâi'r dant rewi. Felly bu'n rhaid i Niclas dynnu'r dant heb i John gael unrhyw gymorth o'r pigiad anesthetig. Ar ôl tynnu'r dant, gwrthododd unrhyw dâl. Am iddo achosi'r fath boen, doedd ganddo, meddai, mo'r galon i dderbyn tâl.

Er iddo fod yn ymwelydd rheolaidd ar yr aelwyd yn y dyddiau pan gadwai glinigau ym mhentrefi'r ardal, does gen i ddim cof ohono o'r cyfnod hwnnw. Wnes i ddim mo'i glywed yn pregethu gymaint ag unwaith. Ond cofiaf stori gan T. Llew Jones am Niclas yn cyrraedd i bregethu yng nghapel Brynrhiwgaled yn y Post Mawr yn gwisgo sandalau. Fe'i ceryddwyd am hyn gan un o'r blaenoriaid. Ateb Niclas oedd:

'Os oedd sandalau'n ddigon da i'r Gwaredwr, maen nhw'n ddigon da i finne.'

Aeth blynyddoedd heibio cyn i mi gael y cyfle i sgwrsio ag ef. Roedd e' newydd gyhoeddi ei gyfrol *Rwy'n Gweld o Bell* nôl yn y chwedegau. Gelwais yng Nglasynys, ei gartref, yng Nghoedlan y Llwyfen i brynu copi. Euthum oddi yno â bwndel o ugain o'r cyfrolau i'w gwerthu yn y Bont.

O hynny ymlaen, bûm yn ymwelydd rheolaidd â Niclas ac â'i fab, Islwyn. Rwy'n ymfalchïo fod gen i nifer o gyfrolau Niclas wedi'u harwyddo gan y bardd ei hun. Rwy'n ymfalchïo lawn gymaint fod gen i gopi o un o gyfrolau Islwyn, *Thus Spoke Prophets* wedi'i arwyddo ganddo yntau. Mae cyflwyniad Islwyn ar gychwyn y gyfrol yn werth ei gyfieithu a'i gofnodi:

Cyflwynaf y detholiad bach hwn, yng ngeiriau anfarwol

Eugene Debs, i'r arweinydd proletaraidd mawr hwnnw, Iesu – Crist merthyredig y dosbarth gweithiol, efengylydd ysbrydoledig y dyrfa orthrymedig, arweinydd chwyldroadol goruchaf y byd, ei gariad at y tlodion a phlant y tlodion wedi cysegru holl ddyddiau sanctaidd ei fywyd, un a oleuodd ac a drodd yn dragwyddol sanctaidd drychineb dywyll ei farwolaeth, ac a gyflwynodd i'r oesau ei ysbrydoliaeth lân a'i enw anfarwol.

Galwn yng Nglasynys adeg fy awr ginio, fel arfer, ac âi Niclas ati i dynnu fy nghoes yn ddidrugaredd oherwydd fy ymlyniad bryd hynny at Blaid Cymru.

'Chi a'ch hen genedlaetholwyr. Dyma chi, yn mawrygu Llywelyn a Glyndŵr. Pam? Pobol ddrwg oedd rheiny, yn byw ar gefnau'r werin. Paraseits oedden nhw.'

Roedd hi'n gyfnod rhyfel Fietnam, a Niclas, wrth gwrs, yn cefnogi'r Fiet Cong. Fe dderbyniai gylchgronau propaganda o Lysgenhadaeth Fietnam. Ac ar ôl iddo'u darllen, fe'i trosglwyddai nhw i mi. Roedd y cylchgronau'n llawn lluniau o filwyr llawen Ho Chi-minh yn sefyll yn fuddugoliaethus ger awyrennau Americanaidd a saethwyd i lawr. Dangosent garcharorion rhyfel Americanaidd yn edrych yn wasaidd-euog ar y camera. Derbyniais ddwsinau ohonynt ganddo.

Cofiaf edliw wrtho hyfdra'r Sofiet wrth oresgyn Hwngari yn 1956. Ond i Niclas, roedd Rwsia wedi ymddwyn yn hollol gyfiawn. Bai'r Americanwyr oedd y cyfan. Nhw oedd wedi gwenwyno meddyliau'r Hwngariaid.

A dyna'r prif reswm am y cyfeillgarwch clòs rhyngddo ef a Nhad. Roedd y ddau gryn filltiroedd i'r chwith i Lenin. Yn wir, cofiaf Nhad yn beirniadu Stalin am fod yn rhy feddal. Ac er mai Llafur brwd oedd Nhad, wn i ddim beth fyddai ei farn am y Blaid Lafur Newydd sbaddedig a di-sosialaidd heddiw.

Weithiau byddai Niclas yn brysur yn ei feddygfa pan fyddwn yn galw, a chawn fy nanfon ato i'r adeilad ar waelod yr ardd. Cofiaf un ymweliad bisâr. Roedd hi'n aeaf trwm a phopeth wedi rhewi'n gorn. Ffeilio pâr o ddannedd gosod oedd Niclas, a hynny yn ei got fawr a'i fenig. Ac, wrth gwrs, roedd ei gap ar ei ben. Ar hyd y silffoedd gwelwn resi o botiau jam yn dal setiau o ddannedd gosod mewn dŵr, ond roedd y dannedd wedi rhewi'n gorn ym mhob pot. Bob man yr edrychwn, fe fyddai pâr o ddannedd yn gwenu arnaf, a'r wên, fel y dŵr, wedi rhewi. Ymddangosai'r lle fel syrjyri Doctor Frankenstein.

Erbyn blynyddoedd olaf ei fywyd roedd Niclas wedi symud fwyfwy i'r chwith. Erbyn hyn, Mao Tse Tung oedd ei arwr. Roedd hwnnw hefyd, fel Niclas, yn fardd. Yn hongian ar wal y gegin yng Nglasynys uwchlaw cadair Niclas roedd llun lliw enfawr o'r Cadeirydd Coch ei hun. A Niclas yn broffwydol gyhoeddi:

'Hwn yw'r dyn bellach. A Tseina yw'r wlad. Cofiwch chi beth rwy'n 'ddweud wrthoch chi, nawr.'

Doedd fawr neb wedi clywed am Sgwâr Tiannamen bryd hynny. Ond byddai Niclas, mae'n siŵr, wedi darganfod rhyw esgus dros gyfiawnhau'r hyn ddigwyddodd yno hefyd.

Niclas oedd yr hysbyseb orau i ddeintyddiaeth a welais erioed. Sgleiniai ei ddannedd fel dwy res o berlau o dan ei fwstás gwyn. Fflachient yn llachar wrth iddo wenu, a'r wên yw un o'r pethau sy'n mynnu aros yn y cof. Niclas yn gwenu yn ei gadair, cap stabal ar ei ben, dici-bo am ei wddf a daliwr sigarets rhwng dau fys, a Mao'n gwenu yr un mor llachar dros ei ysgwydd.

Teimlaf yn falch i mi gael adnabod Niclas. Cofiwch, rwy'n falch hefyd na fu gofyn iddo dynnu gymaint ag un o'm dannedd. Mae yna bendraw hyd yn oed i arwriaeth.

# Dic Bach

Ei enw llawn oedd Richard David Davies, ond fe'i hadnabuwyd gan bawb yn yr ardal fel Dic Bach – hynny, gyda rhesymeg nas ceir ond yng nghefn gwlad Sir Aberteifi, am ei fod e'n fawr.

Yn ystod ei oes fe fedyddiwyd Dic â nifer o lysenwau. Fe'i gelwid yn Dic Tywi, enw a ddaeth yn enw teuluaidd, bron, arno ef, ei frawd John, a'i rieni, Dafydd a Jane. Hynny oherwydd i Jane gael ei geni ar fferm Tywi tu hwnt i Benbwlch ar y mynydd. Adnabuwyd Dafydd hefyd, am ryw reswm, fel Dai Talarŵ. Mae'r rheswm am hynny wedi'i guddio gan niwloedd y blynyddoedd. Mae'r unig enw tebyg y gwn i amdano, sef Talaroo, yn enw ar le yng Ngogledd Queensland yn Awstralia. Ond prin fod yr hen Ddafydd erioed wedi crwydro ymhellach na phridd y wadd yn ei ardd gefn.

Fe adnabyddid Dic hefyd gan rai o'r tu allan fel Dic Mawr a Dic Y Bont. Ond i ni, ei ffrindiau, Dic Bach oedd e bob amser, oherwydd ei anferthedd.

Ac mi oedd e'n fawr. Stwcyn deunaw stôn gyda bol fel casgen gwrw, breichiau fel colfenni derw a gwar fel talcen sgubor. Trwythai ei wallt â *Brylcreem,* ac o'i gribo fe adawai rimyn o'r hylif seimllyd, gwyn yn don fechan a dorrai ar draethell coler ei grys. Gwisgai sbectol ag iddi ffrâm ddu, drwchus fel sgaffaldau. A'i ddwylo – talpiau o ddwylo a rheiny'n ddu. Hynny oherwydd ei ddiléit mewn ymbalfalu ym mherfeddion injans ceir.

Gyrru oedd anadl einioes Dic. Ei nefoedd fyddai cael eistedd y tu ôl i olwyn lywio car, lori neu fws – unrhyw beth a feddai ar injan.

Trigai Dic ym mhen uchaf Lisburne Row nid nepell o ladd-
dy Ifan Huws y bwtsiwr. Siariai'r tŷ, oedd gyda hanner
croglofft, â Jane, ei fam, a Dafydd, ei dad. Bu farw ei frawd,
John, yn ifanc o'r darfodedigaeth.

Doedd brest Dafydd, ei dad, ddim yn iach o bell ffordd
chwaith. Chwibanai fel megin, ac ni wellwyd y sefyllfa un
diwrnod gan ymweliad y dyn glo. Gorchmynnodd Jane ef i
wacáu bagied cant o lo y tu ôl i'r sgiw, a dyna a wnaeth.

Yn anffodus, yn ddiarwybod i'r dyn glo, roedd Dafydd yn ei
wely yn y llofft, a'r meddyg teulu, Doctor Alun, yn ei dendio ar
y pryd. Cododd a lledodd llwch y glo drwy'r tŷ gan gyrraedd y
llofft. Aeth Dafydd, druan, i bangau o beswch wrth i'r doctor
ruthro allan drwy'r drws, ei law dros ei geg a'i wyneb yn debyg
i wyneb y dyn bach hwnnw a arferai addurno label pot jam
*Robinsons* cyn i gywirdeb politicaidd droi'n rhemp.

Ni wnaeth Dic ddisgleirio yn yr ysgol. Nid ei fod e'n dwp –
i'r gwrthwyneb. Meddai ar gof eliffantaidd, yn enwedig lle'r
oedd dysgu rhigymau yn y cwestiwn. Medrai adrodd
barddoniaeth a amrywiai o glasuron Cymru i gerddi
masweddus a ddysgodd tra oedd yn y fyddin, popeth o *Fab y
Bwthyn* i *Eskimo Nell.*

Anfarwolodd ei hun yn lleol a thu hwnt gyda'i gyfieithiad o
gwpled enwocaf Cynan o *Fab y Bwthyn*, cwpled sydd ar gof pob
Cymro Cymraeg gwerth ei halen:

> Unig uchelgais llanc o'r wlad
> Yw torri cwys fel cwys ei dad.

Llwyddodd Dic yn orchestol. Fe lwyddodd o ran rhythm. Fe
lwyddodd o ran mesur. Fe lwyddodd o ran odl. Fe lwyddodd o
ran teimlad. Ond fe fethodd, braidd, o ran ystyr. Cynnig
bythgofiadwy Dic oedd:

> *The only ambition of a country lad*
> *Is to plough a furrow like his furrow dad.*

Byddai hefyd yn aralleirio cerddi ac, yn arbennig, emynau. Cofiaf yn dda un o'i berlau:

Plant ydym eto dan ein hoed
Yn disgwyl am fwstás;
Mae'r etifeddiaeth i ni'n dod
Wrth shafo yn y *glass*

Trodd rhai o'i ddoethinebau yn adnodau, bron. Dic yn clirio'i wddf ac yn poeri fflemen ar y ffordd. Yna dyma fe'n annerch y fflemen.

'Cerdda'r diawl. Rwy' wedi dy gario di ddigon.'

Rhywun yn cwyno am y tywydd wedyn ar fore oer.

'Ydi,' meddai Dic, 'ma' hi'n ddigon oer i gario ffon.'

Ar un noswyl Nadolig wedyn, Dic yn y *Red* yn dymuno y byddai'n ddiwrnod ffein ar Ddydd Nadolig – er mwyn y plant. A rhywun yn canmol Dic am fod mor ystyriol o blant.

'Dydw i ddim, gwd boi,' oedd ateb Dic. 'Ti'n gweld, os fydd hi'n ffein i'r plant, yna fe fydd hi'n ffein i ni hefyd.'

Roedd Dic yn y dosbarth uchaf yn ysgol fach y Bont pan gychwynnais i yno. Cof plentyn sydd gen i, felly, amdano yn yr ysgol, ond trodd rhai hanesion amdano'n fabinogi a adroddir hyd heddiw.

Fe fyddai'n arferiad gan y sgwlyn, John Gruffydd Williams, i gosbi disgyblion anystywallt drwy eu gorfodi i sefyll ar seddi eu desgiau tra'n gorfod dal ei dwylo y tu ôl i'w pennau. Un diwrnod, tro un o'r merched oedd plygu – neu'n hytrach godi – i'r drefn. Rhybuddiwyd hi rhag yngan gair tra'n treulio'i phenyd. Yn anffodus iddi hi, safai ar ddesg yn union o flaen y ddesg lle'r eisteddai Dic.

Arhosodd Dic am ei gyfle, a phan ddaeth hwnnw, plygodd ymlaen gan blicio, rhwng bys a bawd, lastig coes nicyrs y ferch, druan. Tynnodd y lastig yn ôl ac yna, yn sydyn, ei ollwng. Costiodd sgrech y ferch yn ddrud iddi. Hanner awr arall ar sedd y ddesg.

Ar ôl gadael yr ysgol, rhyw hongian o gwmpas garej Wil Lloyd wnâi Dic. Roedd olew yn ei waed – ac ar ei ddillad a'i ddwylo. Yn raddol, graddiodd o lanhau ceir i'w gyrru. Yna cafodd swydd gyrru lori anifeiliaid i Tom Huws, Rock House ac yn ddiweddarach i fab hwnnw, Toss.

Mewn mart doedd dim curo ar Dic am lwytho anifeiliaid anystywallt. Boed heffer neu geffyl, byddai un gafaeliad gan Dic yn ddigon i wneud i'r gwylltaf ildio. Ond yn anffodus ni sylweddolai faint ei gryfder, fel y dysgodd mwnci anffodus yn nhafarn y *Cross Inn*, Ffair Rhos un noson. Eisteddai'r mwnci yn ei fan arferol ar y cownter ond ar y noson anffodus hon, bu'n ddigon ffôl i sipian cwrw Dic. Hanner awr yn ddiweddarach fe ddihunodd y mwnci o dan y cownter ymhlith y poteli gwag yn dilyn hergwd gan Dic. Trodd y mwnci'n llwyrymwrthodwr dros nos.

Dic oedd brenin y criw a elwid yn Fois y Bont. Doedd yna'r un eisteddfod, dawns, gyrfa chwist na chyngerdd o fewn deugain milltir na fyddai Bois y Bont yn eu mynychu. O Drefeglwys i Bumpsaint, o Raeadr Gŵy i Langadog, fyddai'r un lle yn ddiogel. Dic oedd y gyrrwr, a byddai wyth ohonynt, fel arfer, yn llenwi hen *Austin 16* Wil Lloyd fel sardîns mewn tun. Ken Tŷ Bach neu Lloyd Bwlchgwynt fyddai'n cael y fraint amheus o eistedd yn ymyl Dic. Yna, yn eistedd ar fainc a'u cefnau at y gyrrwr byddai Wil Tŷ Ucha, Henry Cambrian a Tom Bryngors, ac yn y sedd gefn byddai Teifi Cross Inn a Dai Cruglas. Gan mai Wil Tŷ Ucha fyddai gefn wrth gefn â'r gyrrwr fel arfer, fe wnâi Dic yn siŵr weithiau fod ei ffenest ef a ffenest Wil yn agored. Yna, tra'n gyrru, fe estynnai Dic un fraich allan drwy ei ffenest ef ac i mewn drwy ffenest Wil gan roi clusten sydyn iddo. Hwnnw wedyn yn gweiddi ar Dic i stopio am fod rhywun ar ochr y ffordd wedi ei hitio.

Wedi iddynt gyrraedd pen eu taith, byddai eu presenoldeb yn amlwg i bawb. Roedd y criw wedi perffeithio'r ddawn o heclan, ac mewn eisteddfod y câi eu talentau eu hymarfer ar eu gorau.

Dyna i chi Eisteddfod Talybont, a Llwyd o'r Bryn yn beirniadu. Ar hanner un feirniadaeth dyma un o'r Bois yn brefu'n uchel.

'Mae'n amlwg fod yna lo yma,' meddai'r Llwyd.

A llais yn ateb o'r cefn, 'Fel'na ŷ'n ni pan welwn ni lo dieithr.'

Yn y cefn, rhwng Dic a'r wal, safai'r plismon lleol. Ceisiodd hwnnw adfer rhyw fath o drefn. Ateb Dic fu camu'n ôl ar ben traed y plismon gan ddefnyddio pob owns o'i ddeunaw stôn wrth wneud hynny. Ochneidiodd y plismon. Wnaeth Dic ddim byd ond troi at Ken a gofyn:

'Wyt ti'n câl dolur, Tŷ Bach?'

'Nad ydw,' atebodd hwnnw.

A Dic yn ategu: 'Dyna beth od, na finne chwaith.'

Eisteddfod Llanddewi Brefi wedyn, a Dic yn ei elfen yn heclan. Dyma'r arweinydd yn galw ar un o'r stiwardiaid i daflu Dic allan. Roedd y stiward yn enwog am ei gryfder a phan afaelodd yn ysgwydd Dic a'i arwain at y drws, credai pawb fod yr heclwr, am unwaith, wedi canfod meistr ac yn gadael yn ufudd. Ond pan oedd o fewn cyrraedd i'r drws, dyma Dic yn troi'n sydyn ac yn gafael yn y stiward, un law yn cydio yng ngholer ei got a'r llall yn sownd yn nhin ei drowser. Fei'i cododd i'r awyr a'i osod yn swp ym môn y berth, yn union fel petai'n rhoi'r gath allan i dreulio'r nos. Yna dyma gau'r drws a sefyll â'i gefn yn ei erbyn.

'Dyna ˙ni,' meddai Dic wrth yr arweinydd, 'ymlân â'r steddfod. Chewch chi ddim trwbwl rhagor.'

Un o arferion Dic a'r Bois, pe cynhelid eisteddfod mewn neuadd wedi'i hadeiladu o sinc rhychiog fyddai rhedeg o gwmpas yr adeilad gan dynnu ffon neu ddarn addas o bren ar hyd y rhychau a chreu'r twrw ryfeddaf adeg araith y llywydd neu yn ystod ambell feirniadaeth. Ond fe wnaent ddangos parch tuag at ambell gystadleuydd. Châi neb greu twrw tra byddai Lloyd Jones Talybont yn canu neu Alcwyn Magor yn adrodd darn digri. A gwae neb a wnâi darfu ar yr her adroddiad, hoff gystadleuaeth Dic.

Pryd bynnag y cynhelid gyrfa chwist yng Nghilcennin, byddai Bois y Bont yn siŵr o fod yno. Ac roedd gan Dic a'r ficer lleol ddealltwriaeth berffaith. Ar ddiwedd y chwarae byddai'r ficer, Y Parch. John Lloyd Jones, clamp o gymeriad, yn cynnal ocsiwn drwy wahodd cynigion am y bwyd fyddai'n weddill.

'Nawr 'te, gyfeillion, faint gynigiwch chi am gacen gwrens hyfryd? Pwy sy'n cynnig hanner coron?'

Ni fyddai angen i'r ficer ddisgwyl yn hir iawn. Fe âi Dic i fyny y tu ôl i ryw anffodusyn gan afael yn ei glust a dechrau troi'n ddidrugaredd.

'Cynnig hanner coron neu fe dwista'i dy glust di bant,' fyddai sibrydiad Dic yn y glust arall. Gyda gwaedd o boen, byddai'r dioddefwr yn codi ei law ac yn cyhoeddi, 'hanner coron fan hyn!' Ac o dwist i dwist, codi wnâi'r pris. Fe âi'r noson yn ei blaen nes i'r holl fwyd fynd.

Peth hawdd fyddai canfod pwy oedd wedi prynu ar yr ocsiwn. Byddai gan bob prynwr gacen yn ei law ac un glust cochbiws, ac yn ystod ei ddiolchiadau byddai'r ficer yn talu teyrnged i bawb a ddaeth yno, i'r cystadleuwyr, i'r galwr, i'r menywod am baratoi'r bwyd a'r te – 'ac i'm hen gyfaill Richard Davies am, m . . . m . . . m, helpu, m . . . m . . . m, gyda'r gwerthu.'

Roedd Dic yn chwedlonol am ei allu i fwyta. Pan alwai'r Bois yn siop ffish a tships Joe yn Aberystwyth, archeb Dic bob amser fyddai, 'Dwy rych o datws a morfil, plîs.' Yn ystod ei flynyddoedd olaf, ag yntau bryd hynny yn gweithio yn Chwarel yr Hendre, byddai'n bwyta'i ginio yn y *Llew Coch* yn y Bont bob nos. Yr un fyddai ei archeb beunos – llond basged o gyw iâr a tships. Fe fwytai'r cyfan, yn llythrennol. Ni fyddai un tshipen yn weddill – na'r un tamaid o'r cyw chwaith. Fe wnâi Dic fwyta'r cyfan ohono yn gig ac esgyrn. Y syndod oedd iddo beidio â bwyta'r fasged yn ogystal.

Unwaith gwelid Jane, ei fam, yn cario bwced plastig gwag tuag at Lys Teg, lle arferai caffi fod ar un adeg. Archebodd lond y bwced o tships. 'Swper Dyc ni,' meddai Jane wrth Mrs

Spender, a gadwai'r caffi. Byddai wastad yn ynganu enw ei mab fel 'Dyc', hynny yw, fel enw hwyaden yn Saesneg. Ac unwaith, dychwelodd rholyn o bapur tŷ bach i siop Dan fy mrawd er mwyn cael un cryfach.

'Pam?' oedd cwestiwn naturiol Dan. 'Beth sy' o'i le ar hwn?'

Gwgodd Jane cyn taro'r rholyn, oedd ag ychydig ddarnau'n eisiau, ar wyneb y cownter gan gyhoeddi dros y siop:

'Ma' bys Dyc ni'n mynd drwyddo fe.'

Mewn dadl byddai Dic yn codi ei ddyrnau'n fygythiol, y dwrn chwith yn dynodi 'salwch hir' tra'r dwrn de yn dynodi 'marwolaeth sydyn'. Dewis anodd. Digon i wneud i hyd yn oed goesau Goleiath wegian. Ond fel arfer, byddai'r bygythiad ei hun yn ddigon. Bryd arall fe estynnai fonclust sydyn i rywun gan gyhoeddi:

'Ro'dd honna am ddim. Aros di nes wnei di rywbeth.'

Roedd yn un o ffyddloniaid y clwb pêl-droed lleol. Wrth i Dic basio'r ystafell newid ar ei ffordd adref yn dilyn gêm yn erbyn *YMCA* Aberystwyth, daeth llinellwr y gelyn allan a dechrau edliw i Dic rai o'i sylwadau yn ystod y gêm.

'Wyt ti gymaint o ddyn nawr ag yr oeddet ti ar y cae?' gofynnodd yn dalog.

Ni atebodd Dic, ond treuliodd y llinellwr y deng munud nesaf yn gorwedd yn anymwybodol o dan y bws. Yn ffodus i'r llumanwr, dwrn y 'salwch hir' yn hytrach na dwrn y 'farwolaeth sydyn' o dan stapal ei ên fu'n gyfrifol am ei ddarostyngiad.

Unwaith, ie, ddim ond unwaith, diolch byth, fe ddewiswyd Dic i chwarae dros y Bont. A hynny yn erbyn myfyrwyr Aberystwyth – bechgyn ifainc, ffit a chyflym. Ar ôl hanner awr o daclo'r gwynt, cafodd Dic lond bol ar bethau. Cydiodd yng ngholer un o'r myfyrwyr a fu'n ddigon ffôl i sefyll o fewn ei gyrraedd a'i dynnu i'r llawr. Yna fe eisteddodd ar y truan gan wasgu pob anadliad o wynt allan ohono. Ni symudodd hwnnw rhyw lawer am weddill y gêm!

Roedd Dic yn enwog am ei brydlondeb. Tra'n gweithio yn

Chwarel yr Hendre roedd gofyn iddo fod yn y gwaith erbyn saith. Byddai Dic yno erbyn chwech. Golygai hyn danio injan ei lori tua chwarter i chwech bob bore, a byddai gwneud hynny'n dihuno un o'i gymdogion. Un dydd aeth mam hwnnw at Dic i'w geryddu am ddihuno'i mab mor gynnar bob bore. Ateb Dic fu torchi llewys a chodi dwrn.

'Gwrandwch 'ma, fenyw,' ysgyrnygodd Dic, 'os ma' cysgu yw problem y diawl, halwch e' ata' i.'

Ni chafwyd yr un gŵyn gan y gymdoges wedyn.

Roedd cryfder Dic yn ddiarhebol. Cofiaf, un prynhawn dydd Sadwrn, fysied ohonom, yn dîm pêl-droed a chefnogwyr, yn methu pasio car a oedd wedi'i barcio â'i din allan i'r ffordd fawr ger Abermagwr. Er canu'r corn yn hir ac yn uchel, doedd dim ymateb. Camodd Dic allan o'r bws, cydiodd yng ngwaelod pen-ôl yr *Hillman* a'i godi ac yna ei daflu i fôn y clawdd.

Unwaith, tra'n gyrru'r lori anifeiliaid i lawr am Ysbyty Ystwyth, torrodd y brêcs. Rhuthrodd y lori tuag at y ffordd fawr a Dic yn tynnu ar yr olwyn lywio er mwyn troi'r gornel. Methodd y tro hwn. Roedd gormod o lwyth ar y lori ac aeth drwy'r clawdd. Ond mor gadarn fu gafael dwylo Dic ar y llyw fel iddo dorri un o'i arddyrnau yn hytrach na gollwng.

Does dim dwywaith nad ei gryfder â'i lladdodd yn y diwedd. Bu'r straen ar ei galon yn ormod. Bu farw yn 1980 yn 46 mlwydd oed ac mae'n gorwedd ym Mynwent Ystrad Fflur. Yn anffodus, mae nifer o Fois y Bont yn cydorwedd yno – Teifi Cross Inn, Dai Cruglas, Henry Cambrian a Wil Tŷ Ucha. Dim ond Wil fu farw yn ei henaint. Collwyd y lleill yn greulon o gynnar. Erbyn hyn, dim ond Ken, Lloyd a Tom sydd ar ôl o'r criw gwreiddiol.

Am ychydig flynyddoedd bu bedd Dic yn ddi-gofnod, ond daeth ei hen gyfeillion at ei gilydd i godi arian i dalu am garreg fedd. Ac ar y garreg honno mae'r geiriau pwrpasol:

Hen gyfaill hawdd ei gofio.

A gweddus meddwl fod Dic yn gorwedd o fewn deugain

llathen i orweddfan bardd mwyaf Cymru, Dafydd ap Gwilym.
Fe hoffwn fod yn bry ar y wal pan mae'r ddau'n trafod – a
chlywed cyfieithiad Dic o *Ferched Llanbadarn.*

# Eirwyn Pontshân

Clywais unwaith am ddyn, yn ugeiniau'r ddeunawfed ganrif, a aeth at y doctor i ofyn am feddyginiaeth a allai wella'i iselder ysbryd. Cyngor y doctor oedd iddo anghofio am dabledi a ffisig ac yn hytrach fynd i'r theatr leol y noson honno i weld clown gorau'r byd, Grimaldi yn perfformio. Fe wnâi hwnnw godi ei galon yn well nag unrhyw bilsen na ffisig a grëwyd erioed. Ateb y claf pruddglwyfus oedd, 'Fi *yw* Grimaldi.'

Newidiwch enw Grimaldi am Eirwyn Pontshân, a dyna chi. Roedd e'n gomedïwr trist, yn glown dagreuol, yn athronydd di-resymeg, yn gwmnïwr unig, yn obeithiwr pesimistaidd, ac yn enigma o big ei gap i'w sodlau.

Dim ond tua phum troedfedd a phedair modfedd a wahanai'r ddau begwn hynny o'i gorff eiddil, ond ni fyddai ei alw'n gymeriad mawr yn dechrau gwneud cyfiawnder ag ef. Dim ond un Gwilym Eirwyn Jones a anwyd erioed.

Bu gweld a chlywed Eirwyn yn gyhoeddus am y tro cyntaf – ym Mhrifwyl Caernarfon yn 1959 – fel darganfod gwythïen aur yng Nghlondeic caregog fy mywyd. Doeddwn i ddim wedi gweld unrhyw un oedd â chymaint rheolaeth ar ei gynulleidfa erioed o'r blaen. Llwyddai i ddal ei wrandawyr ar gledr ei law, yna fe'i harweiniai'n ufudd i ba gyfeiriad bynnag a fynnai. Eirwyn oedd Pibydd Brith y byd perfformio. Roedd e'n gomedïwr *alternative* flynyddoedd cyn i'r term gael ei fathu erioed.

Ei fychander oedd ei gyfrinach. Dyn bach eiddil yn herio'r byd, ac yn ennill. Dyn bach eiddil yn sefyll o dan fargod ei gap ac yn trechu pob diafol a Sais. Ac i Eirwyn, roedd y ddau'n gyfystyr. Dyn bach eiddil yn curo mawrdra a thraha drwy glyfrwch geiriol.

Mae gan bob comedïwr gwerth ei halen ei gimic arbennig. Roedd gan Tommy Cooper ei *fez*; mae gan Ken Dodd ei ffon oglais. Roedd gan Eirwyn ei gap gwyn a'i fwstás, ond ei brif brop oedd ei wên fach drist-felys. Gweddai'n berffaith i'w hiwmor.

Cryfder mawr arall oedd ei gof anhygoel. Medrai storio straeon a rhigymau yng nghelloedd ei gof fel y gwna cyfrifiadur. A gwyddai'n union pa fotwm i'w wasgu ar gyfer taflu allan y dyfyniad iawn ar yr achlysur iawn. Hwyrach nad oedd ei ddyfyniadau bob amser, yn enwedig yn y mesurau caeth, yn hollol gywir. Ond doedd hynny ddim yn bwysig.

Ym mhob Prifwyl, mynnai eisteddfodwyr o Amlwch i Gas Gwent siario Eirwyn, y dyn cyhoeddus, ond byddai rhai o'r rheiny'n ddigon digywilydd i'w feddwi ac yna ei adael i grwydro heb le i gysgu. Bu nifer bychan ohonom yn fwy gofalus ohono, a thrwy hynny i fod yn ddigon ffodus i ddod i adnabod y dyn personol y tu ôl i'r masg. Ac ar yr adegau hynny, pan ddinoethid ef o'i gimics a'i brops, deuem i adnabod yr enaid unig a boenai gymaint am dynged Cymru a'r iaith, yn ogystal ag am ei dynged ef a'i deulu.

Golygai ei deulu lawer iawn iddo. Siaradai bob amser am ei briod, 'Mrs Jo-hôns', chwedl ef. Bedyddiodd ei blant er parch i ddau o'i arwyr, Blodeuwedd ar ôl prif gymeriad drama fawr Saunders Lewis, ac Idwal ar ôl Idwal Jones, a mawr fu ei falchder pan enillodd ei fab-yng-nghyfraith, Ieuan Wyn, Gadair y Brifwyl.

Cymaint oedd ei dalent fel y gallasai fod wedi byw'n gysurus. Ond er mawr gywilydd i bobl mewn awdurdod, ni welodd neb yn dda i'w roi ar ben y ffordd fel y gellid meithrin a datblygu ei dalent enfawr. Cofiaf unwaith alw gydag ef yng nghanolfan HTV ym Mhontcana lle'r oedd wedi trefnu i gyfarfod â rhywun o'r adran adloniant. Ni chafodd fawr o groeso – pum munud o wrandawiad diamynedd, ac allan ag ef. Ie, drws caeëdig fu hanes ei fywyd lle'r oedd y bobl mewn awdurdod yn y cwestiwn. O'r herwydd, rhyw grafu bywoliaeth a wnaeth gydol ei oes – nid nad oedd ganddo gynlluniau, ond tueddent i fod yn rhy uchelgeisiol i fod yn ymarferol. Codai gestyll, ond cestyll yn yr awyr oedd y rheiny. Petai ond wedi cael y cyfle fel perfformiwr, pwy â ŵyr beth fyddai terfyn ei gyraeddiadau. Digon yw dweud fod nifer o berfformwyr heb feddu ar gymaint ag owns o dalent Eirwyn wedi llwyddo i fynd yn bell iawn; perfformwyr sydd wedi llwyddo i deithio'r byd cyhoeddus ar hanner galwyn o betrol a chyflenwad dihysbydd o hunanhyder.

Pan fu farw, wrth gwrs, daeth y bobl awdurdodol yn eu tro i dalu teyrnged – llawer ohonynt yn bobl a allasent fod wedi ei helpu pan oedd arno angen help. Ond dyna fe. Dydi'r gwir dalentau ddim yn cael eu gwobrwyo yng Nghymru. Meddyliwch am Meic Stevens. Ac, i raddau helaeth, Wil Sam. Mewn unrhyw wlad war fe gâi talentau mawr fel rhai Meic a Wil eu cynnal gan y wladwriaeth. Mae Cymru'n wlad fach rhy saff, rhy sidêt i hyrwyddo talentau sy'n wahanol mewn unrhyw ffordd. Gwir y dywedodd Eirwyn amdanom, a hynny droeon,

'Ry'n ni'n genedl o gachgwn.'

Soniais eisoes am gof anhygoel Eirwyn. Priodolai amryw ei lwyddiant i hynny, ac i hynny yn unig. Ond na. Roedd cofio yn gryfder ynddo, mae'n wir, ond roedd ganddo lawer mwy na hynny i'w gynnig. Gallai greu rhywbeth mawr, rhywbeth cofiadwy ar amrantiad. Cofiaf ei ffilmio ar gyfer *Hel Straeon* ar y Mynydd Bach ac yntau, ar y pryd, â diddordeb mawr mewn hen foncyffion derw a godent i'r wyneb o berfeddion corsydd. Ailymddangosent wedi canrifoedd o fod o dan y ddaear, ac fe âi Eirwyn ati i'w gludo adre i'w weithdy er mwyn eu troi'n ddodrefn.

Dyma ganfod enghraifft wych o'r fath goeden yn gorwedd ar wyneb cors uwchlaw Trefenter a gofyn iddo pa mor hen oedd hi? Crafodd ei ben o dan ei gap am eiliad cyn ateb:

'Lyn bach, mesen o'dd hon pan o'dd Adda'n grwt.'

Sylw anhygoel. Ac o gofio na fu Adda erioed yn blentyn, mae'r sylw yn ddoniolach fyth.

Gallai fod yn ddeifiol hefyd, fel yn Eisteddfod Rhydaman flwyddyn wedi'r Arwisgo. Dyma I.B. Griffith, Maer Caernarfon adeg y gwarth yn camu ymlaen ac yn estyn ei law i'w hysgwyd gydag un Eirwyn. Roedd y ddau wedi bod yn hen ffrindiau. Camodd Eirwyn yn ôl gan syllu i fyw llygaid ei gyfarchiwr. Ei eiriau bloesg a sobreiddiol oedd:

'I.B., ry'ch chi'n destun gweddi.'

Flwyddyn cyn iddo gael ei daro'n wael fe dderbyniodd wrogaeth gyhoeddus mewn cyfarfod teyrnged wedi'i drefnu gan Emyr Llew ar ran Y Cnapan yn Nhyglyn Aeron. Llwyddodd Llew i gael Y Tebot Piws i ailffurfio yn arbennig ar gyfer y noson. Gwerthfawrogodd Eirwyn hynny'n fawr. Nid hon oedd cymwynas gyntaf nac olaf Emyr Llew i'r teulu.

Ar gyfer y noson honno ym mis Mawrth 1993 fe wnes i gyfansoddi soned iddo:

Fe'th welais di mewn steddfod ac mewn ffair
Yn herio'r byd dan fargod pig dy gap,
Y werin yno'n hongian ar bob gair
Gan wylo chwerthin, ddim ond i ti, chwap
Eu troi nhw'n fud a chegrwth wrth i'th lith
Drin mawredd Pantycelyn a D J,
Yna'n ddi-oed, troi popeth y tu chwith
A'r chwerthin iachus eto'n llenwi'r lle.
Pan grea chwa'r awelon ddiwedd haf
Rith-luniau rhwng y dail o angau brown
Yr Hydref sydd ar ddod, atgof a gaf
O'r eiliad brin pan syrthiai masg y clown
Gan led-ddatgelu am ryw funud-awr
Y bychan ingol gydag enaid cawr.

Anrhydedd arall a werthfawrogodd oedd cael ei wahodd i fod yn aelod o'r Orsedd. Cyn derbyn y gwahoddiad fe alwodd i ofyn fy marn. Doedd gen i ddim amheuon y dylai dderbyn yr anrhydedd. Caiff rhai eu derbyn heddiw am ddysgu limrig. Dylasai Eirwyn fod wedi cael ei gydnabod flynyddoedd yn gynharach. Am flynyddoedd, ef a gynrychiolai'r gweithgareddau Eisteddfodol answyddogol.

Arafodd lawer tuag at ddiwedd ei oes. Un o'i berfformiadau olaf oedd hwnnw yn Eisteddfod Aberystwyth, a gynhaliwyd yn y Clwb Rygbi. Cefais y fraint o'i gyflwyno gan adrodd ambell i stori ddigon masweddus wrth wneud hynny. Pan gychwynnodd Eirwyn, derbyniais gerydd ganddo, a hynny mewn arddull Feiblaidd ddifrifol. Yn wir, dechreuodd rhai amau ei fod o ddifrif.

Byrdwn ei neges oedd y dylwn gofio'r aberth a wnaeth yr Esgob William Morgan wrth iddo fynd ati i gyfieithu'r Beibl i'r Gymraeg. Edliwiodd i mi sarhau iaith bur yr Esgob, y gŵr da hwnnw a gaeodd ei hun yn ei barlwr am flynyddoedd er mwyn cyfieithu'r Gair. Yna dyma fe'n troi at ei gynulleidfa ac yn codi ei lais i berorasiwn.

'Gyfeillion, meddyliwch am yr hen William yn ei barlwr unig. Ond pam, mewn gwirionedd, y gwnaeth yr Esgob annwyl gloi ei hun yn ei barlwr? Er mwyn cyfieithu'r Beibl? Nage. Esgus oedd cyfieithu'r Beibl. Fe glodd ei hun yn ei barlwr am ei fod e eisiau llonydd. Fe'i caeodd ei hun yn ei stydi fach am fod ganddo fe hen fuwch o wraig.'

Fe godod y to, a hynny yn dilyn stori nas clywswn erioed o'r blaen ganddo.

Roedd Eirwyn yn genedlaetholwr naturiol, yn Gymro wrth reddf. Roedd bod yn wladgarwr mor naturiol iddo ag oedd anadlu. Mor naturiol â siarad Cymraeg. Gwaedai ei galon dros Gymru. Dioddefodd o'r herwydd – a hynny, weithiau, yn gorfforol. Doedd y moch ddim yn gwerthfawrogi gwinllan Eirwyn.

Rwy'n falch, mewn ffordd, iddo adael y byd hwn cyn iddo

weld Plaid Cymru yn troi yn *The Party of Wales.* Y Blaid Genedlaethol, a olygai gymaint iddo, yn aberthu egwyddorion ar allor pŵer. Iddo ef, egwyddor oedd dechrau a diwedd popeth.

Arwyr Eirwyn oedd Saunders a D.J., Gwynfor a Trefor Morgan, Trefor Beasley ac Emyr Llew. Cymry egwyddorol bob un. Credai mewn cyfalafiaeth ymarferol, cyn belled â bod yr elw yn aros yng Nghymru ac yn cael ei fuddsoddi er mwyn Cymru.

Wrth edrych yn ôl, daw eiliadau tragwyddol i'r cof. Eisteddfod Y Barri. Eirwyn a Dillwyn Miles yng nghwmni Aelod Seneddol Torïaidd Y Barri, Raymond Gower yn y *Wine Vaults* yn y dre, ac Eirwyn yn cyfeirio at yr Aelod fel 'hen foi ffein'. Eisteddfod Y Fflint. Eirwyn a John Ellis Williams yn cyfarfod mewn tafarn yn Rhydymwyn, a'r awdur bron â hollti ei ystlysau wrth i Eirwyn sôn am ryw gemegyn a alwai'n Conynfawr, cyffur at wella perffformiad rhywiol. Eisteddfod Y Bala. Eirwyn yn annerch o ben gambo mewn sied wair yng nghyffiniau'r dre ac yn sydyn yn disgyn yn glep drwy lawr y cerbyd. Eisteddfod Aberafan. Eirwyn yn smygu sigaréts Cynan yn y *Deuddeg Marchog* wrth adrodd *Mab y Bwthyn.* Ymweliad â Chaernarfon, ac Eirwyn, yng nghartre'i hen gyfaill Harris Thomas yn tyngu wrthym na wnâi fyth farw.

'Pan ddaw angau ar ffurf Dyn y Bâl, fe fyddai'n cydio'n dynn ym mwlyn post y gwely ac yn gwrthod mynd,' meddai.

Ond galw wnaeth Dyn y Bâl, a llacio'i afael yn raddol ar fwlyn post y gwely wnaeth Eirwyn. Fe'i trawyd gan strôc, a bu'n glaf mewn gwahanol ysbytai am gyfnod hir. Ymwelais ag ef yng Nghaerfyrddin ychydig ddyddiau wedi iddo gael ei daro. Syllodd arnaf yn drist ac ynganodd frawddeg allan o un o'i storïau mwyaf doniol,

*Very sad, Morgan fach, very sad.*

Fel arfer fe fyddwn wedi piffian chwerthin. Ond ddim y tro hwn. Caeodd ei lygaid a bu'n fud am rai munudau. Doedd ganddo fawr i'w ddweud. Syllai'n euog, bron, fel petai'n ymddiheuro am fod mor wirion â chael ei daro'n wael.

Ymwelais ag ef yn ddiweddarach yn Ysbyty Aberaeron, ac er iddo eto gynnal rhyw fath ar sgwrs, roedd hi'n amlwg nad oedd ganddo 'mo'r ysbryd i frwydro nôl. Roedd e wedi blino ar ymladd. Yn wir, roedd e wedi blino ar fyw.

Fe'i claddwyd ym Mynwent Pisgah yn Nhalgarreg ar brynhawn o aeaf. Gorweddai gorchudd tenau o eira mân dros Fanc Siôn Cwilt a gorchudd trwchus o hiraeth dros fy nghalon i.

Mae'n gorffwys yn yr un erw ag un o'i arwyr mawr, Dewi Emrys, ac mae'r cwpled a fathodd Dewi ar gyfer ei feddargraff ei hun yn un cwbl addas ar gyfer Eirwyn:

Melys hun wedi aml siom,
Distawrwydd wedi storom.

Ac i aralleirio neges Oliver Sandys i'r galarwyr wedi i'w phriod, Caradog Evans farw yn 1945, mae'r gân a'r waedd a'r storm wedi diflannu i mi, ac mae'r distawrwydd yn annioddefol.

# Llew y Blac

Llew Evans oedd y Santa Clôs rhyfeddaf i mi ei weld erioed. Fe'i dewiswyd ar gyfer y gorchwyl un Nadolig gan Rhys Benjamin o'r siop ddodrefn ar draws y ffordd i'r *Hen Lew Du*, lle'r oedd Llew yn dafarnwr.

Swyddogaeth Llew, a etifeddodd y wisg goch a gwyn oddi wrth Dai Meiners, un o'i gyn-gwsmeriaid ffyddlonaf, oedd teithio ar gefn lori Rhys wedi'i wisgo yn y dillad traddodiadol, yn ogystal â'r farf a'r mwstás. Er mwyn rhyddhau ei wefusau ar gyfer gorchwyl llawer pwysicach, sef llowcio ambell wisgi i esmwytho'r siwrnai, bu'n rhaid i Llew symud rhyw ychydig ar y fwstás osod. O ganlyniad, yn Aberystwyth y Nadolig hwnnw y gwelwyd yr unig Santa Clos erioed i wisgo'i fwstás uwchlaw ei drwyn.

Fe atebodd Llew Evans i nifer o enwau yn ystod ei fywyd. Bu'n Llew Bêr, gan iddo gael ei fagu ar aelwyd Bear House yn Llanddewi Brefi. Bu'n Llew *Caretaker*, wrth iddo ddal swydd fel gofalwr yn Ysgol Uwchradd Tregaron, a bu'n Llew y Blac wedi iddo dderbyn trwydded yr *Hen Lew Du* nôl ar ddechrau'r chwedegau.

Roedd wyneb Llew fel petai wedi'i greu o lastig. Newidiai'r wyneb yn barhaus, wrth iddo ymateb i wahanol sefyllfaoedd. Doedd dim o'i debyg am wneud siapse, neu ystumiau. Byddai pob cyhyr ei wyneb ar waith. Troiai gwên yn ysgyrnygiad mewn eiliad. Ond fe barai gwên yn llawer hwy nag ysgyrnygiad. Buasai wedi gwneud actor penigamp. Gwnaeth yr actor Jim Carrey ffortiwn am ei ystumiau, ond ni fedd ar hanner talent Llew.

Ei hoff ebychiad fyddai 'calon fach'. 'Nawr 'te, beth alla' i 'neud i chi, calon fach?' 'Peint o bityr, calon fach? Wrth gwrs, calon fach.' Ac os byddai mwy nag un cwsmer yn ceisio tynnu ei sylw, fe droiai 'calon fach' yn 'calons bach'.

Roedd Llew yn dynnwr coes di-ail, a gwyddai'n berffaith sut i fynd ati i gael y gorau ar wahanol gwsmeriaid. Yn achos Dai Meiners, a oedd yn arddwr arbennig o dda, fe wnâi Llew, ar ôl prynu cabatsien a fyddai wedi ennill gwobr mewn sioe arddwriaethol, hongian y llysieuyn anferth uwchben y bar er mwyn gweld wyneb Dai pan welai hwnnw'r anghenfil llysieuol gwyrdd. Yn achos Hefin Clarach, pysgotwr a ddaliai ambell bysgodyn drwy ddulliau digon amheus, fe wnâi Llew adael eog anferth ar wyneb y bar gan wybod y byddai hynny'n gwneud i lygaid Hefin sefyll allan fel botymau organ. Ni wnâi gyfeirio at naill ai'r gabatsien na'r eog – dim ond eu gadael yno ar ddamwain, fel petai.

Roedd Llew yn dafarnwr wrth reddf. Nid yn unig oedd e'n meddu ar y ddawn o glebran yn ddiddorol, roedd e hefyd yn farman a feddai ar gyffyrddiad llawfeddyg. Gallai hudo wisgi o'r optig heb orfod troi ei ben. Â'i wyneb at y cwsmer, gafaeliai yn ei wydr, ei godi â'i law dde at ei ysgwydd, ac yna fe wnâi'r gwydr ddarganfod ei ffordd at yr optig mor sicr â gwennol yn canfod ei nyth. Wedyn, un pwmpiad sydyn – neu ddau bwmpiad yn achos wisgi dwbwl – ac yn ôl y deuai'r llaw, a'r gwydr a ddaliai Llew heb golli gymaint ag un diferyn ar ei ffordd rhwng yr optig a'i wefusau.

Fel Seimon Pedr gynt, nid pystogwr yn unig oedd Llew – roedd e hefyd yn bysgotwr dynion. Codai pawb at unrhyw abwyd a daflai i fwrlwm y bar. Ac yna, o'u dal, fe wnâi Llew, yn wahanol i'r hyn a wnâi gyda'r pysgod a ddaliai yn y Teifi, eu taflu yn ôl i'r berw er mwyn eu dal rywbryd eto yn y dyfodol. Â'u dal nhw a wnâi, dro ar ôl tro.

Rhaid fod hiwmor yn rhywbeth etifeddol yn achos Llew;. roedd e'n un o naw o blant, ac roedd hiwmor yn ddawn a oedd yn gyffredin i'r brodyr y gwnes i eu hadnabod, Dai, Bob a Daniel hefyd.

Collodd Llew ei briod, Heddwen, yn gynnar mewn bywyd a gadawyd ef i fagu'r ferch, Angharad a hithau ond yn chwech oed. Yn ddiweddarach mewn bywyd fe ailbriododd a bu Jan yn bartner hoffus a chariadus iddo ac yn ffrind mynwesol i Angharad. Magodd Llew a Jan bedwar o blant, a phan briododd Angharad â Iolo Wigley, y crefftwr coed gorau yng Nghymru, gyda llaw, roedd Llew wrth ei fodd. A llanwyd ei fywyd pan anwyd ei wyrion, Esyllt a Llion.

Meistr yr ateb parod oedd Llew. Mae rhai o'i gampweithiau yn parhau i fod yn chwedlau yn ardal Aberystwyth. Daeth un o'r cwsmeriaid, Edith Pierce, i mewn ar drothwy un Nadolig gyda hwyaden o dan ei chesail. Roedd hi am i Llew werthfawrogi'r hwyaden, a oedd yn un arbennig iawn – am ei bod hi'n Hwyaden Siberaidd.

Cododd Llew yr hwyaden, a edrychai fel sguthan ar ympryd, a syllu arni mewn ffug edmygedd.

'Rhyfeddol', meddai Llew. 'Hwyaden o Siberia, yn wir hefyd. A wir i chi, calon fach, rwy'n siŵr iddi *gerdded* yma yr holl ffordd o Siberia' – a'r wyneb lastig yn ffurfio pob math o ystumiau.

Yr un wraig wedyn yn cyhoeddi gyda chryn falchder i dafarnwr y *Castell* ddweud wrthi'n gynharach ei bod hi'n brydferth tu hwnt. Dyma Llew yn syllu arni am tua hanner munud cyn ysgwyd ei ben a datgan:

'Neis iawn, calon fach. Mae nhw *yn* dweud fod cariad yn ddall.'

Ac unwaith eto, ystumiau ei wyneb yn dweud llawer mwy na'r hyn a lefarodd ei dafod.

Cwsmer arall yn dathlu wedi iddo briodi am yr eildro ac yn cyflwyno'i wraig newydd i Llew. Nawr, roedd Llew yn gryn arbenigwr ar geffylau rasys. A dyma'r priodfab newydd yn gofyn i Llew ddewis ceffyl gydag enw addas iddo ar gyfer yr achlysur.

'O weld eich gwraig newydd chi, calon fach, fe fyddwn i'n dweud y dylech chi roi pob ceiniog sy' gyda chi ar geffyl sy'n rhedeg heddi. Rhowch y cyfan ar *Comedy of Errors*.'

Fe ffrwydrodd ffyddloniaid y bar mewn chwerthin. Gyda llaw, fe ddaeth *Comedy of Errors* yn ail ar ods o chwech am un.

Un o'r ffyddloniaid oedd gwraig o Lanbadarn Fawr, Mrs Benjamin – tipyn o gymeriad. Un noson, roedd yr hen druan wedi blino ac wedi syrthio i gysgu ar draws y sgiw ger y bar. Roedd ei het ffwr Rwsiaidd wedi llithro i lawr dros ei llygaid a Llew yn ymddangos yn ofidus. Sylw cyntaf Llew oedd ei bod hi'n ei atgoffa o Lenin yn gorwedd yn ei arch.

'Calons bach, mae cannwyll y Cymry ar fin diffodd,' meddai wedyn, wrth i'r cap, a Mrs Benjamin, lithro'n is.

Dyma'r adeg pan oedd y Cadfridog Franco ar ei wely angau ym Madrid a datganiadau am y dirywiad yn ei gyflwr yn cyrraedd bron bob awr ar y newyddion. Beth bynnag, fe ddisgynnodd yr hen wraig oddi ar y sgiw gan ollwng ei gwydr ar y llawr. Rhuthrodd Llew allan o'r tu ôl i'r bar, gafael yn y gwydr a'i ddal at y golau a chael ei fod e'n gyfan.

'Diolch i Dduw,' meddai Llew, gan droi at yr hen wraig. 'Ond wir i chi, calons bach, ma' Franco'n ddyn iach o'i gymharu â hon.'

Camodd dros yr hen gymeriad ar ei ffordd yn ôl i'r tu ôl i'r bar gan ddal i syllu ar y gwydr yn ei law rhag ofn iddo gracio.

Fyddai Llew byth yn gweini cwrw ar ôl yr amser penodedig. Doedd dim angen iddo – câi pawb gymaint o hwyl o fewn yr oriau swyddogol fel nad oedd yn rhaid aros yn hwyr. Ond un prynhawn, fe fu un ymwelydd yn ddigon ffôl i ofyn am beint ar ôl tri o'r gloch. Dyma'r arian byw o wyneb ar waith a Llew yn ateb ar ffurf dameg:

'Nawr 'te, calon fach. Fe fyddwn i'n ddigon parod i dynnu peint i chi. Ond ma' Jan fach ar ei ffordd adre, a phetai hi'n eich gweld chi'n yfed peint ar ôl amser fe fyddai'n rhyfel cartre' yma. Ddoe ddiwetha roedd tri o'r cwsmeriaid yn hongian ymlân wedi amser cau pan basiodd Jan fach y ffenest. Fe âth y tri i banics gwyllt; rhedodd Jac y Sâr i'r parlwr; rhedodd Bryn mas i'r ardd, a ffaelodd Caleb gâl y drws mewn pryd. Fe fuodd yn rhaid iddo fe gwato ym mocs y sgiw am weddill y prynhawn.'

Ie, perl arall o esgus dros beidio â thynnu peint hwyr.

Er bod y dafarn yn gyrchfan boblogaidd i fyfyrwyr Cymraeg, doedd gan Llew fawr o amser iddynt. Roedd yn well ganddo gwmni cymeriadau'r werin gyffredin. Oedden, roedden nhw'n bod bryd hynny – cymeriadau fel Puw y Crydd, Eric y Beili, Edith Pierce, Dai Meiners, Rhys Benji, Iori'r Bwci a'r triawd ffyddlon Jac y Sâr, Caleb Edwards a Bryn Davies.

Fe'i cofiaf un noson, a'r bar yn orlawn o fyfyrwyr, yn gofyn yn foneddigaidd i un ohonynt:

'A phryd mae'r coleg yn cau, calon fach?'

Hwnnw'n ateb, 'Wythnos i heddi, Llew.'

A dyma'r wyneb yn crychu a'r llaw yn estyn y gwydr at yr optig wrth i'r llaw arall godi i'r awyr mewn arwydd o fuddugoliaeth. A Llew yn cyhoeddi'n glir dros y bar:

'Diolch i Ti yr hollalluog Dduw!'

Stori arall dda amdano yw honno pan ddechreuodd criw o Iddewon Hasidig gynnal cynhadledd yn Aberystwyth bob haf. Mewn tref fechan fel Aber, safent allan gyda'u steil rhyfedd o farf a gwallt a'u gwisgoedd tywyll. Pan ofynnodd Angharad, y ferch, iddo pwy oedd y bobl ryfedd hyn?

'Iddewon Uniongred,' oedd ateb Llew.

'Ond pam dod i Aberystwyth?' gofynnodd Angharad.

A Llew yn ateb fel ergyd o wn, 'Ma' nhw wedi dod at y Cardis ar gyfer cwblhau eu haddysg bellach.'

Fe fuasai Llew yn aelod o'r *Desert Rats* adeg yr Ail Ryfel Byd. Bu'n brwydro yn El Alamein, Anzio, Salerno a Monte Casino, ond ni châi neb glywed am yr erchyllterau. Gwneud hwyl o'r profiad a wnâi Llew. Honnai gyfeillgarwch personol â'r Cadfridog Montgomery, ac fe geid perl arall ganddo wrth iddo weithiau ddwyn yn ôl hanes y dychweliad buddugoliaethus i Ddociau Lerpwl ar yr HMS Strathclyde.

'Dyna lle'r oedd y miloedd yn ein croesawu, a'r hen Churchill yn eu plith. Wrth i Monty ein harwain ni lawr y *gangplank* dyma fe'n anelu'n syth at Churchill, ond dyma hwnnw'n ei wthio o'r ffordd a dweud, *"Step aside, Monty, and let Gunner Evans through."'*

Yna, dau bwmpiad greddfol arall i'r optig wisgi, cyhyrau'r wyneb yn crychu ac atodiad bach syml i'r hanes.

'Synnech chi gymaint sy'n ei chael hi'n anodd i gredu'r stori fach 'na.'

Wedi i Llew ymddeol, fe barhâi i fynychu'r *Hen Lew Du*. Eisteddai wrth y bwrdd o flaen y ffenest, wisgi wrth ei benelin a'r *Racing News* dan ei drwyn. Am ddeng mlynedd olaf ei fywyd bu'n ddyn claf, er na wyddai neb hynny ar wahân iddo ef ei hun a'i deulu agosaf. Ni ddangosai unrhyw arwydd o afiechyd a pharhaodd i wasanaethu ei eglwys hyd y dyddiau olaf.

Ie, Henry Watkin Llewelyn Evans. Dyna oedd ei enw llawn, ond i ni, Llew y Blac oedd e'. A Llew y Blac fydd e'. Distawodd cloch y bar yn 1976 pan wnaeth Llew ymddeol, ac wrth i gloch eglwys Llanychaearn ganu cnul uwchlaw ei arch ugain mlynedd yn ddiweddarach, fe wnaethom ffarwelio â dyn y galon fach, ond un a oedd, mewn gwirionedd, â chalon fawr, fawr.

# Gwenallt

Mae e'n edrych arna i'r funud hon; yn sefyll fel ceiliog dandi. Gwenallt y *dilettante*. Gwenallt yr athrylith; Gwenallt yn syllu arna'i allan o'r ffrâm ar y wal.

Mae ei wyneb rhychog, crebachlyd yn fyfyrgar – yn ffroenuchel, bron. Mae e'n gwisgo siwt â phatrwm dant ci, mae dici bo am ei wddf, a sigarét rhwng dau fys yn ei law chwith. Mae'n dal y sigarét i fyny at ochr ei wyneb, ei benelin chwith yng nghledr llaw ei fraich dde, sydd ar draws ei ganol. Mae Gwenallt wedi gosod ei hun yn ofalus ar gyfer tynnu ei lun, a'r hyn sy'n rhoi pleser mawr i mi yw mai fi a dynnodd y llun.

Nid hwn yw'r Gwenallt sydd ar ddarlun y cof. Mae e'n rhy llonydd yn y llun, ond dyma'r Gwenallt sydd ar wal fy stafell, a dyma'r ddelwedd y dymunai ei chyfleu ar y pryd. Roedd e' ar fin traddodi darlith Gŵyl Ddewi oedd wedi'i noddi gan Lyfrgell Ceredigion, y Pwyllgor Addysg a Chyngor y Celfyddydau yn Neuadd Swyddfa'r Sir yn Aberystwyth, ac yno cafwyd delwedd dra gwahanol i'r un yn y llun. Yno cawsom y Gwenallt sych-ddoniol, y Gwenallt cecrus.

Y drefn o dalu beirdd a ysgrifennai'n Saesneg yn hael, tra cawsai'r beirdd Cymraeg ail i ddim, a ddaeth o dan ei lach yn gyntaf, a chyfeiriodd at R.S. Thomas yn arbennig. Wedi hynny, clywsom am yr anhawster a gafodd i gyhoeddi *Ysgubau'r Awen*, wrth i dair o brif weisg Cymru ei wrthod. Prosser Rhys yn gwrthod am nad oedd Gwenallt yn perthyn i unrhyw enwad, ac am na fyddai'r gyfrol yn mynd i'r ysgolion ac am na fyddai'n debyg o fod yn boblogaidd.

Diolch i Dafydd Lewis o Wasg Gomer, a agorodd gownt yn y banc ar gyfer y fenter, fe gyhoeddwyd y gyfrol ac fe werthodd yn llwyr. Gofynnodd Prosser Rhys am gael cyhoeddi'r ailargraffiad, a dyma Gwenallt yn ysgyrnygu ei ddannedd.

'Fe ddwedes i wrtho fe am fynd i'r diawl!'

Sioc! Bu cynnwrf isel ymhlith y gynulleidfa am funud dda. Ond doedd e ddim wedi gorffen; aeth ymlaen i ddisgrifio'r anhawster a gafodd i gyhoeddi ei nofel, *Plasau'r Brenin*. Darllenwyd y proflenni ar ran Prosser Rhys gan 'nofelyddes enwog na welsai ddim gwerth mewn unrhyw nofelau ond ei rhai hi ei hunan'. Doedd dim angen gofyn pwy oedd hi. Argymhellodd honno wrthod cyhoeddi'r nofel. Dafydd Lewis ddaeth i'r adwy unwaith eto.

Yn ei ardal enedigol, ym Mhontardawe fe hysbysebwyd ei nofel gan ryw hen wraig yn ei siop lyfrau, meddai, fel *'a brilliant novel by a local boy'*.

Aeth ymlaen i sôn am genedlaetholwr enwog â'i beirniadodd am gynnwys heddychiaeth yn ei gerddi. Gofynnodd Gwenallt iddo a oedd e, felly, yn credu mewn ymladd? Oedd. Awgrymodd Gwenallt y dylai hwnnw, felly, droi at ymladd.

'Wedi'r cyfan, mae ganddom ni fyddin, ond dyw hi ddim wedi saethu brân heb sôn am saethu Sais.'

Byddin Rhyddid Cymru oedd honno, wrth gwrs. Cadwodd ei surni a'i chwerwder llymaf tan y diwedd wrth iddo sôn am ei gerdd *Y Meirwon*, hanes y teulu drws nesa a gollodd bump o ddynion i ddwst y glo. Wrth ein hatgoffa o galedi'r gymuned lo yn y dauddegau, a dyfynnu'r rhan sy'n sôn am 'gloriau wedi eu sgriwio cyn eu pryd', fe ffyrnigodd.

O'i flaen, eisteddai cynulleidfa borthiannus, sidêt a bodlon ei byd, a chredaf mai hynny â'i gwylltiodd. Trodd y darlithydd mewn eiliad yn rebel ffyrnig. Gwelsom y pentewyn, a chlywsom chwyrnad corgïaidd y pencerdd, chwedl Harri Webb. Syllodd ar ei gynulleidfa, ei lygaid tanbaid yn symud o wyneb i wyneb ac yn tyllu i fêr ein cydwybod fel dau ebill.

'Beth ddiawl y'ch chi'n wybod am fywyd?' chwyrnodd.

Anesmwythodd nifer o'r parchusion. Clywyd sŵn traed yn shifflo; clywyd pesychu nerfus, ond ymlaen ac yn uwch yr aeth y perorasiwn. Yn ei lais roedd adleisiau o Karl Marx a Ioan Fedyddiwr. Gadewais y noson honno gyda 'mhen yn troi fel chwyrligwgan. Ni chlywswn erioed o'r blaen y fath huodledd ac argyhoeddiad. Roedd y bardd bach wedi arddangos miniogrwydd ei ddannedd.

Ac fe fedrai Gwenallt gnoi. Gallai hefyd danio fel matsien. Cofiaf gydgerdded gydag ef i lawr Heol y Wîg tua'r coleg. Dyma droi i mewn i siop lyfrau *Galloways* i brynu papur newydd. Ar y cownter roedd copi o'r *Daily Express* ac arno lun mawr o Harold Macmillan. Gwylltiodd Gwenallt yn gacwn. Pwyntiodd fys crynedig at y llun a gwaeddodd ar y dyn bach syfrdan y tu ôl i'r cownter:

'Your bloody country is going to the dogs!'

Ac allan ag ef – a minnau'n gorfod rhedeg wrth geisio dal i fyny.

Roedd e'n arwr i mi cyn i mi erioed ei weld, a braint yn ddiweddarach oedd medru hawlio fod yr arwr hwnnw wedi dod yn ffrind hefyd. Cefais wahoddiad i'w gartref ef a Nel a chael y fraint o eistedd yn un o'i Gadeiriau Cenedlaethol.

Mewn cyfweliad ar gyfer fy nerbyn i'r coleg yn Aber y'i gwelais ef gyntaf, a hynny yn 1958. Pan ddeallodd fy mod i'n dilyn cwrs celf yn Ysgol Tregaron, gofynnodd fy marn am waith Kyffin Williams. Aeth ymlaen i ofyn beth oedd yn arbennig am waith Kyffin. Pan atebais mai ei arbenigrwydd oedd ei ddefnydd o'r gyllell balet, gwenodd. Gwyddwn i mi sgorio pwynt pwysig.

Yn y coleg, doedd gen i fawr o stumog at astudio. Yr unig wersi na wnawn fyth eu colli fyddai darlithoedd Gwenallt. Roedd y dyn yn ddewin. Am ddwyawr ar brynhawn dydd Mawrth, byddwn mewn perlewyg. Fedrwn i wneud dim ond eistedd yn ôl a gwylio a gwrando heb gymeryd yr un cofnod. Doedd ganddo yntau yr un cofnod yn ganllaw ar gyfer ei ddarlith chwaith. Cerddai o gwmpas y stafell ddarlithio gyda chamau buan, byrion a mân, ei ddwylo wedi eu plethu y tu ôl i'w gefn a'i ben i lawr. Cerddai rai milltiroedd, mae'n rhaid, wrth droedio rhwng y desgiau, a'r llais unigryw hwnnw, llais clir fel cloch, pob gair wedi'i bwyso a'i fesur ond eto'n ymddangos yn fyrfyfyr.

Roedd ganddo ffordd unigryw hefyd o ddweud pethau. Darlith ar Bantycelyn, er enghraifft, a Gwenallt yn ei elfen. Iddo ef, Pantycelyn oedd bardd mwyaf Cymru. Dechreuodd drwy gynnig i ni farn dysgedigion eraill am waith yr emynydd, yn eu plith, Saunders Lewis.

'Mae Mr Lewis yn dweud . . . ', ac ymlaen ag ef, ond yna dyma ddod at y pwynt pwysig: ' . . . Ond rwy' *i'n* dweud . . . ' A doedd dim angen gofyn barn pwy oedd y farn iawn.

Cofiaf i mi sgorio pwynt pwysig arall yn ei lyfr cownt personol. Cwestiwn mewn arholiad ar waith T. Gwynn Jones. Dyfyniadau o *Ymadawiad Arthur.* Dyfyniadau o'r hir-a-thoddaid enwocaf yn yr awdl, hwnnw sy'n cychwyn gyda 'Draw dros y don . . . '; ond roedd yna fersiynau gwahanol ar y papur arholiad. Doedd Gwenallt ddim wedi darlithio ar T. Gwynn Jones i ni, felly doedd dim disgwyl i un ohonom ateb y cwestiwn arbennig hwn. Ond am i mi ei chael hi'n anodd gyda rhai o'r cwestiynau eraill, penderfynais roi cynnig ar ei ateb. Dyfalais mai'r fersiwn gyntaf oedd y gwreiddiol, pan enillodd T. Gwynn Jones Gadair Bangor yn 1902, ac mai'r ail oedd y fersiwn diwygiedig yng nghyfrol y bardd, a ymddangosodd yn ddiweddarach.

Yr wythnos wedyn roeddwn ar y ffordd i'r coleg pan gwrddais â Gwenallt. Gofynnodd i mi sut wyddwn i'r ateb i'r cwestiwn. Ni chyfaddefais mai dyfaliad oedd y cyfan. Yn hytrach, dywedais i mi fynd ati i astudio'r awdl o'm pen a'm pastwn fy hun. Roedd Gwenallt wrth ei fodd.

Ddwy flynedd yn ddiweddarach, a minnau wedi methu yn fy arholiadau Saesneg ac yn gweithio yn llyfrgell y coleg, deuthum yn ffrindiau mawr â Gwenallt. Yn un peth, gwyddai amdanaf fel cyn-fyfyriwr. Yn ail, fi oedd yr unig Gymro Cymraeg ar ddesg y Llyfrgell Gyffredinol ar y pryd. Felly, wnâi neb ond fi'r tro pan fyddai ganddo broblem. Ac fe fyddai ganddo broblem – yn aml.

'Mr Ebeneser!' Felly y gwnâi fy nghyfarch bob amser, gan swnio'r 'z' yn fy nghyfenw fel 's'. 'Mr Ebeneser, rwy'n edrych am lyfr.'

Oedd, siŵr iawn. Dyna reswm y rhelyw dros ddod i lyfrgell.

'Beth yw'r rhif catalog?'

'Does gen i ddim syniad.'

'Pwy yw'r awdur, Gwenallt?'

'Dw'i ddim yn cofio, bachan.'

'Iawn, beth yw'r teitl?'

'Dw'i ddim yn cofio hynny chwaith. Ond llyfr coch yw e'.'

Help mawr. Help mawr iawn.

'Cyfrol mewn Almaeneg yw hi, yn sôn am lenyddiaeth Saesneg.'

Llygedyn o oleuni o'r diwedd. Gwyddwn yn fras ym mha adran i chwilio, a dyma fynd i'r adran honno, a Gwenallt yn dilyn. Cofiai'r union fan ar y silff lle arferai'r gyfrol fod. Minnau'n cofio i'r llyfrau gael eu symud ymlaen ar hyd y silffoedd yr wythnos cynt, ac o wneud amcangyfrif mathemategol yn fy mhen, llwyddais i ganfod y gyfrol. Roedd ei ddiolch i mi yn ddiddiwedd.

Doedd llais Gwenallt ddim yn un addas iawn ar gyfer distawrwydd syber llyfrgell. Llais treiddgar a gariai i bobman gan beri i ddarllenwyr ledled y stafell ddarllen godi eu pennau i chwilio am ffynhonnell y llais. Rhuthrodd i mewn un bore, gyda'r *Western Mail* yn ei law, ei gamau'n fyrrach a chyflymach nag arfer a'i lais yn codi fesul gair. Trawodd y papur newydd yn glep ar wyneb y ddesg a phwyntio'i fys at stori ar y dudalen flaen – stori oedd yn datgelu anrhydeddau blynyddol y Frenhines. Yn eu plith roedd Cymro amlwg, a oedd yn bennaeth ar fudiad amlwg, wedi derbyn yr OBE.

'Glywsoch chi'r fath beth, Mr Ebeneser! Hwn yn ennill yr

OBE! *Our bloody Empire!* A hynny am ei ran yn godro buwch sanctaidd Cymru!'

Yna, rhuthrodd allan ond yn dal i chwyrnu rhwng ei ddannedd.

Dro arall, yn 1966, daeth ataf gan edrych braidd yn chwilfrydig. Roedd gweddillion Syr Roger Casement wedi'u codi o iard carchar Pentonville a'u hailgladdu a'u cysegru ym Mynwent Glasnevin yn Nulyn. Cwestiwn rhyfedd Gwenallt oedd faint, tybed, o'i weddillion oedd ar ôl? A oedd y calch brwd a osodwyd ar ei gorff, yn ôl yr arfer bryd hynny, wedi ysu ei weddillion yn llwyr?

Doedd gen i ddim ateb. Ond gofynnais i mi fy hun droeon wedyn ai meddwl oedd e am ei dad ei hun, a losgwyd yn ulw yn y gwaith dur? Synnwn i ddim.

Gwyddai am fy niddordeb mawr yn hanes Iwerddon. A mynych y byddem yn trafod y pwnc. Hoffai'n arbennig sgwrsio am Faer Dinas Corc, Terence McSwiney, a fu farw o'i streic newyn. Darllen llyfrau am hanes Iwerddon a drodd Gwenallt yn genedlaetholwr. Dywedodd hynny fwy nag unwaith. Ei arwr oedd James Connolly, a hynny am ei fod yn genedlaetholwr ac yn Sosialydd.

Mae ei awdl *Breuddwyd y Bardd* yn adlewyrchu ei ddiddordeb mawr yn hanes Iwerddon, ond mewn un man mae'n cymysgu ei ffeithiau:

Gwrandawn ar lef priddellau Glasnevin,
Lle cwsg gwladgarwyr ac arwyr Erin –
McSwiney, Connolly a Meical Colin.

O'r tri, dim ond Michael Collins sy'n gorwedd yng Nglasnevin. Claddwyd Connolly yn Arbour Hill a McSwiney adref yng Nghorc. Ni feiddiais ei gywiro.

Nid yn y coleg yn unig y byddem yn cyfarfod. Ar aml i nos Sadwrn fe fyddem yn cwrdd yn yr *Hydd Gwyn* yn Stryd y Farchnad yn Aberystwyth; fi'n yfed peintiau o gwrw a Gwenallt yn yfed wisgi neu weithiau, *creme de menthe*. Credai'n gryf mewn wisgi fel meddyginiaeth. Llyncai dabledi *Carter's Little Liver Pills* hefyd. Fe gariai botelaid fach yn ei boced.

Ond weithiau fe fyddai'r trafod uwchben y wisgi yn cynhyrfu Gwenallt cymaint fel iddo fynd yn or-frwdfrydig, a fyddwn i ddim ar ôl yn hynny o beth, chwaith. Ddim wrth i ni ddadlau ond wrth i ni gytuno. Un noson fe aeth pethau mor danllyd fel i'r dafarnwraig, Maude Jones, fygwth taflu'r ddau ohonom allan! Dyna'i chi stori fyddai honno; bardd Cristnogol mwyaf Cymru a gohebydd y *Cambrian News* yn cael eu gwahardd o dafarn; a meddyliwch sut le fyddai yno petaen ni'n anghytuno!

Oeddwn, roeddwn i'n ohebydd papur newydd erbyn hynny, ond fe fyddwn yn dal i gyfarfod â Gwenallt, boed hynny yn y Siop Lyfrau Cymraeg neu yn yr *Hydd Gwyn*, ar y stryd neu'n gwylio gêm bêl-droed ar Goedlan y Parc.

Ond nôl yn yr Hen Goleg y mynna'r atgofion hongian, yn union fel y gweoedd pry cop llychlyd sy'n crogi o'r distiau uchel. Fe'm symudwyd i fod yng ngofal y Llyfrgell Ieithoedd Modern gyferbyn â drws ffrynt yr Hen Goleg. Yno y cedwid y llyfrau Ffrangeg, Almaeneg a Sbaeneg. Un diwrnod dyma Gwenallt yn rhuthro i mewn a gofyn ble'r oedd y llyfrau Cymraeg. Minnau'n ateb eu bod nhw'n dal yn y Llyfrgell Gyffredinol. Gwenallt wedyn yn rhyw wenu'n drist.

'Wrth gwrs, Mr Ebeneser, cwestiwn twp. Doeddwn i ddim yn cofio. Dydi'r Gymraeg ddim yn iaith fodern, ydi hi.'

Ac unwaith wedyn yn y Llyfrgell Gyffredinol. Roedd ein tîm siarad cyhoeddus yn Aelwyd yr Urdd Ystrad Fflur wedi cyrraedd y prawf terfynol. Y testun oedd 'Yr Iaith Gymraeg', a hynny ym mlwyddyn Araith Saunders. Gofynnais i Gwenallt a oedd ganddo ddyfyniad addas y medrwn ei ddefnyddio ar gyfer cloi'r drafodaeth.

Aeth rhai dyddiau heibio cyn i Gwenallt alw eto. Daeth ataf yn cario darn o bapur. Arno roedd ei gerdd *Eglwys y Pater Noster*, nad oedd eto wedi'i chyhoeddi. Yr hyn sy'n ddiddorol yw fod y fersiwn a gefais gan Gwenallt yn wahanol i'r fersiwn orffenedig yn *Y Coed*. Mae'r gerdd yn sôn am Weddi'r Arglwydd wedi'i hysgrifennu mewn deugain a phedair o ieithoedd, y Gymraeg yn eu plith, yn yr eglwys ar Fynydd yr Olewydd. Fel hyn mae'r fersiwn gefais i yn gorffen:

Rhagorfreintiau lawer a gafodd y Gymraeg,
Ond hon yw'r rhagorfraint arbenicaf:
Diolch i Dduw amdani hi,
Un o ieithoedd mwyaf Cristnogol Ewrob:
Iaith â'i geirfa yn Nadolig,
Ei chystrawen yn Galfaria,
Ei gramadeg yn ramadeg y Bedd Gwag,
A'i seineg yn Hosanna.

Ie, diolch i Dduw amdani hi. A diolch i Dduw hefyd amdano ef.

# Prynhawn ym *Mooneys*

Yn nhafarn *Mooney's* ger Sgwâr Parnell y'i gwelais. Doedd dim modd ei gamgymryd am unrhyw un arall. Dyn bach, boliog gyda mwstás gwyn ar wyneb bochdew fel wyneb corrach gardd. Ymddangosai ei ben moel fel pelen o lard.

Ond er fy mod i'n weddol siŵr pwy ydoedd, teimlais mai'r peth callaf fyddai cael cadarnhad gan y barman. Fel ateb i'm cwestiwn, nodiodd hwnnw'i ben. Fe'i holais beth fyddai'r dyn bach yn ei yfed fel arfer. Gosododd wydraid o *Powers*, mesur dwbwl, o'm blaen ar y cownter.

Cariais fy mheint a'r wisgi draw i'r gornel ac eistedd ar draws y bwrdd iddo gan osod y gwydr o'i flaen. Fe'i cyfarchais. Cododd y gwydr â'i wacáu gydag un llwnc, ac yna trodd ei gefn gan fy anwybyddu'n llwyr.

Euthum yn ôl at y cownter a dweud wrth y barman nad oedd y gŵr dan sylw yn barod i siarad. Llenwodd hwnnw wydr arall o *Powers*. Mesur dwbwl. A draw â mi eto. A digwyddodd yr union beth drachefn. Ond y tro yma fe wnaeth, o leiaf, ateb fy nghyfarchiad. Ond gyda gwg. Fe'm galwodd yn Sais.

Fe'i cywirais gan ddweud mai Cymro oeddwn i. Ei ateb oedd na wnâi hynny fymryn o wahaniaeth. Sais, Cymro – roedd y diawliaid i gyd yr un fath. Pwdin o'r un badell oedd y ddau. Llyncodd y wisgi mewn un.

Collais fy limpin braidd. Ar ôl talu am ddau wisgi dwbwl iddo, y cyfan a wnâi oedd fy sarhau, felly fe ddywedais wrtho, yn ddigon diseremoni, ble i fynd. Y geiriau coeth a ddefnyddiais oedd:

'Twll dy din di!'

Yn hytrach na gwylltio, llonnodd y dyn bach drwyddo a dawnsiodd ei lygaid. Ymestynnodd ei law yn gyfeillgar.

'A, rwy'n gweld. Rwyt ti'n siarad yr iaith. Rwyt ti yn Gymro iawn, felly.'

Roeddwn i wyneb yn wyneb ag un o gymeriadau mwyaf Dulyn, Stephen Behan, tad Brendan, yr awdur a'r dramodydd, tad Dominic, y canwr a thad Brian, yr undebwr llafur tanbaid. A brawd yng nghyfraith Peadar Kearney, awdur anthem genedlaethol Iwerddon.

Fe wnes i ei adnabod oherwydd i mi ei weld ychydig fisoedd yn gynharach ar sioe Eamonn Andrews. Roedd Stephen a'i wraig Kathleen yn y gynulleidfa ac fe'u gwahoddwyd i'r llwyfan. Yno gwnaethai strôc anfarwol wrth i'r gwesteion drafod y wir acen Americanaidd. Shelley Winters, yr actores, oedd y brif westai, a bu cryn ddadlau ai acen Tecsas yntai acen y gorllewin canol oedd gwir acen America. Doedd Stephen ddim wedi yngan gair o'i ben hyd hynny. A dyma Eamonn Andrews yn y diwedd yn gofyn am ei farn. Ei ateb oedd mai dyn bach cyffredin, anwybodus ydoedd ef. Ond os oedd ei farn o unrhyw werth, onid acen Indiaid Cochion oedd gwir acen America?

Do, fe'u lloriodd nhw'i gyd.

Fe gostiodd y sgwrs yn *Mooney's* gryn dipyn o bres wisgi, ond bu'n werth pob dimau goch y delyn. Credai fod ei gyfenw, Behan, o'r un tarddiad â'r gair Cymraeg 'bychan' neu 'Fychan' a 'bihan' mewn Llydaweg. Os hynny, roedd e'n gyfenw perffaith iddo ef o ran ei daldra. Doedd dim byd yn fach yn ei fab enwocaf, er hynny, ond ni wyddai fod Brendan wedi gwneud record, lle mae'n canu ac yn adrodd storïau. Adroddais ychydig o'r hanesion hynny wrtho a chwarddodd nes oedd y dagrau'n llifo i lawr ei ruddiau.

Mewn un man mae Brendan, wrth ganu *The Bold Fenian Men* yn troi i'r Wyddeleg. Yna mae'n stopio i esbonio:

'Rhag ofn nad ydych chi'n gwybod, dyna'r iaith Wyddeleg. Fe siaredid llawer ohoni ar un adeg. Ddim gymaint nawr wedi i'r Llywodraeth wneud hynny'n orfodol.'

Achosodd hynny i'r dyn bach fynd i bangau o chwerthin.

'Ddwedodd e' hynna? Wel, mae'n rhaid ei fod e'n fab go iawn i mi wedi'r cyfan,' meddai.

Fe'i holais am Dominic. Gwgodd.

'Mae hwnnw wedi gwneud record am ryw hen hwren o Lerpwl.'

Y gân dan sylw oedd yr hyfryd *Liverpool Lou*.

Peintiwr tai oedd Stephen, ac felly hefyd Brendan ar ei ôl. Yn wir, etholwyd Stephen yn llywydd Undeb Peintwyr ac Addurnwyr Iwerddon. Ond er bod tri o'r meibion yn awduron, ymhyfrydai Stephen yn y ffaith fod un o'i gydnabod wedi dweud mai'r tad oedd ysgrifennwr gorau'r teulu.

Pan ddisgrifiwyd Brendan i'r hen gymeriad Pa O'Toole fel 'yr ysgrifennwr yn y teulu' fe ffyrnigodd yr hen foi. Dim ond un ysgrifennwr gwerth ei halen oedd yn nheulu Behan, meddai. Roedd yr arwydd yn cynnwys llythrennau saith troedfedd o uchder ar dafarn *Slattery's* yn Phibsboro – arwydd a beintiwyd gan Stephen, yn brawf o hynny. Gwnâi, fe wnâi ystyried Stephen yn ysgrifennwr am fod ei ddyletswyddau'n cynnwys peintio arwyddion tafarndai'r ddinas.

Roedd hi'n adeg y Pasg 1966, a minnau draw yn Nulyn yng nghwmni nifer o ffrindiau ar gyfer coffáu hanner canmlwyddiant Gwrthryfel y Pasg. Buasai'r daith ei hun yn un gofiadwy. Roedd nifer ohonom drosodd fel aelodau neu gefnogwyr Byddin Rhyddid Cymru, ac fe'n dilynwyd gan yr heddlu cudd yr holl ffordd. Fe lwyddon nhw i'n dilyn o'r llong i'r trên am Ddulyn, ond yn Wexford fe wnaethom ni neidio allan fel y cychwynnodd y trên o'r orsaf a'u gadael ar ôl ar eu ffordd i Ddulyn. Cawsom brynhawn o fwynhau yno cyn dal y trên nesaf i'r brifddinas.

Yn ein plith roedd Peter Davies, Goginan. Roedd e wedi dysgu ar ei gof araith Robert Emmett yn y llys yn unswydd ar gyfer yr ymweliad, ond doedd neb wedi'i weld ar ôl i'r llong lanio. Clywsom yn ddiweddarach iddo syrthio i gysgu ar y llong. A phan wnaeth e ddihuno, roedd e nôl yn Abergwaun heb iddo hyd yn oed osod ei droed ar dir Iwerddon.

Ar gyfer y dathliadau go iawn, trefnwyd dwy orymdaith. Roedd yr un swyddogol wedi'i threfnu gan y Llywodraeth a'r llall, gorymdaith tuag at Garchar Mountjoy ac ymlaen i Fynwent Glasnevin, wedi'i threfnu gan y Gweriniaethwyr. Does dim angen gofyn ar ba orymdaith yr aethom ni. Fe fu ychydig o eiriau rhwng Cymry'r ddwy garfan gyda chefnogwyr Plaid Cymru yn dewis yr orymdaith rispectabl, swyddogol. Dydi pethe ddim wedi newid rhyw lawer mewn 45 mlynedd.

Arhosem i gyd yng ngwesty *Moran's* yn Talbot Street – tua hanner dwsin i bob stafell. A dyna pryd y profais am y tro cyntaf groeso unigryw y Gwyddel. Un noson, roeddwn i ar fy mhen fy hun ac ar goll yn llwyr pan ofynnais i aelod o'r *Gardai* am y ffordd orau nôl i'r gwesty.

'Ydi chi'n digwydd bod yn lletya yno?' gofynnodd.

'Ydw.'

'Wel, yn hytrach na disgrifio'r ffordd nôl i chi, fe ddo i gyda chi.'

A dyna a wnaeth. Dyma gyrraedd drws y gwesty. Roedd hi tua hanner nos a'r bariau wedi cau i bawb nad oedd yn lletya yno, a dyma'r plismon yn gofyn eto:

'Felly, ry'ch chi'n lletya yma?'

'Ydw.'

'Felly, fyddwch chi ddim yn meindio os wnâ i ddod i mewn gyda chi.'

Tynnodd ei gap ac i mewn ag ef gan ymuno yn y gyfeillach.

Hwn oedd y tro cyntaf i mi fod ar dir Iwerddon, ond fe gychwynnodd arferiad sydd wedi para hyd y dydd heddiw. Ers hynny mae'n rhaid fy mod wedi ymweld â'r lle o leiaf drigain o weithiau. Un flwyddyn fe euthum yno ddwsin o weithiau, ac i mi, Dulyn yw'r lle mwyaf diddorol ar wyneb daear Duw. Hynny, yn fwyaf arbennig, oherwydd cymeriadau'r bobol. Mae eu hiwmor nhw'n chwedlonol.

Bonws mawr fu cael cyfarfod ag un o filwyr Gwrthryfel y Pasg, Joe Clarke, a fu'n rhan o frwydr ffyrnicaf y chwyldro, brwydr pont Mount Street. Buasai Joe yn garcharor yn y Frongoch ger y Bala gyda Michael Collins. Deuthum yn ffrindiau mawr ag ef.

Bonws arall fu dod yn ffrindiau â'r *Dubliners*. Ac yn rhyfedd iawn, yn yr union far lle gwneuthum gyfarfod â Stephen Behan, bûm yn cyd-yfed â chanwr gwreiddiol y band, yr anhygoel Luke Kelly ychydig flynyddoedd cyn ei farw cynnar. Meddai Luke ar lais angel crug. Flynyddoedd wedyn fe gefais fraint arall drwy gael fy ngwahodd gan sylfaenydd y band, Ronnie Drew, am ginio yn ei gartref yn Greystones, Swydd Wicklow.

Brendan Behan, nôl yn y pumdegau, oedd dinesydd enwocaf Dulyn, wrth gwrs. Ac roedd ei ddywediadau'n cael eu hailadrodd ledled y byd. Ef a ddywedodd y dylid tosturio wrth y Gwyddelod. Petai hi'n glawio cawl, meddai, byddent allan â'u cyllyll a ffyrc, a phan ofynnwyd iddo gan feirniad drama beth oedd ystyr ei ddrama enwocaf, *The Hostage*, ei ateb oedd:

'Neges? Beth ydych chi'n feddwl ydw i? Blydi postman?'

Ond etifeddu hiwmor y tad a wnaethai Brendan. Ac yno ym *Mooney's*, ar ôl tua awr o yfed wisgi a dalwyd amdano gen i, roedd yn ei afiaith. Deuai Brendan i mewn i'r sgwrs byth a hefyd.

'Credwch neu beidio,' meddai, 'ond breuddwyd Brendan oedd cael bod yn blismon. Ond fe'i gwrthodwyd am fy mod i a'i fam yn briod.'

Yna dyma biffian chwerthin. Aeth ymlaen i ddyfynnu hen gyfaill i'w fab, Bill Kelly a grynhodd yr angenrheidiau ar gyfer yfed yng nghwmni Brendan. Roedd angen syched camel, nerth bustach, stumog estrys a gwar fel pen-ôl joci.

Stori arall a adroddodd oedd honno am wraig Brendan, Beatrice yn ateb drws y cartref yn hwyr un noson yn Anglesea Road. O'i blaen, yn hynod sigledig, safai pump o ddynion meddw, Brendan yn eu plith. A dyma un ohonynt yn dweud wrthi:

'Maddeuwch i ni, Mrs Behan. Ond fedrwch chi ddweud wrthon ni p'un ohonon ni'n pump yw Brendan fel y gall y gweddill ohonon ni fynd adre?'

Ond fe drodd pethau'n lletchwith wrth i ni drafod dathliadau hanner canrif y Gwrthryfel. Dechreuodd Stephen regi DeValera yn hallt. O'i boced tynnodd wahoddiad swyddogol ar ffurf llythyr – gwahoddiad y bwriadai ei wrthod. Cododd ei lais wrth ddamnio DeValera ac arweinwyr eraill y Llywodraeth a'u galw'n fradwyr.

O gornel fy llygad gwelais bedwar dyn, cewri cyhyrog bob un, yn codi ac yn anelu tuag atom. Doedd dim modd dianc. Yn amlwg, roedd y rhain yn ddynion Dev, ond ar yr eiliad dyngedfennol fe ymyrrodd y barman gan esbonio wrth y dynion pwy oedd y dyn bach, ac fe achubwyd ein crwyn.

Dyna'r tro cyntaf a'r tro olaf i mi gyfarfod â Stephen Behan. Fe wnes i ysgrifennu ato unwaith, ond ni dderbyniais ateb. Doedd hynny ddim yn syndod. Wedi'r cyfan, doeddwn i ddim o fewn cyrraedd i brynu diod iddo. A wnaethoch chi erioed geisio postio dau fesur o wisgi *Powers* gyda llythyr mewn amlen?

Ond hwyrach fod hynny'n haws na chael 600 o Aelodau Seneddol Gwyddelig i mewn i gar Mini. Roedd y peth yn bosib, yn ôl Stephen. Sut?

'Etholwch un ohonyn nhw'n Brif Weinidog a gwyliwch y gweddill ohonyn nhw'n diflannu fyny twll ei din.'

# Wil Tŷ Ucha

Pan gladdwyd Wil Davies ym mhen pellaf Mynwent Ystrad Fflur, cwestiwn un ohonom wrth droi am adre oedd pam ei gladdu mor bell o'r gladdfa arferol? Lloyd Bwlchgwynt wnaeth gynnig ateb:

'O'dd y Ficer yn gwbod, petai e'n 'i gladdu fe'n agos i'r gât, fe fydde'r diawl bach nôl yn y *Red Leion* o'n blaenau ni.'

Na, doedd dim dagrau yn angladd Wil Tŷ Ucha, neu Defis Bach. Dim ond atgofion melys am un a lwyddodd drwy'i oes i fyw ar ei glyfrwch meddwl. Ochr yn ochr â Defis Bach, dysgwr oedd Arthur Daley.

Stwcyn bach solet oedd Wil – bron iawn yr un hyd a'r un lled gyda wyneb crwn. Bob amser gwisgai got fawr frethyn frown a chap. Doedd ganddo'r un blewyn ar ei ben, ond anodd fyddai sylweddoli hynny gan fod ei gap yn rhan mor annatod ohono. Cerddai gan bwyso ymlaen fel petai'n brwydro yn erbyn y gwynt bob amser, a hynny ar swae gan bendilio o'r naill ochr i'r llall, yn union fel cerddediad morwr. Ond morwr tir sych oedd Wil, er iddo greu aml i don.

Defis Bach oedd y dyn cyntaf i mi ei weld yn feddw erioed – neu o leiaf y cyntaf fedra' i gofio'n feddw. Mae'n rhaid nad oeddwn i fawr hŷn na chwech neu saith mlwydd oed yn eistedd yn sedd gefn *Austin 7* fy nhad pan stopiodd e'r car er mwyn sgwrsio â rhywun ger y *Red Lion*.

Gerllaw, pwysai pwtyn bach llydan yn erbyn wal y dafarn. Ceisiai ddal pen rheswm â rhywun neu'i gilydd. Yn wir, mae'n bosib mai dadlau ag ef ei hun oedd e. Ni fedrwn weld unrhyw un arall ar ei gyfyl.

Cofiaf i mi edrych yn hir ar y dyn bach rhyfedd hwn â'i câi hi'n anodd, am ryw reswm, i sefyll ar ei draed. Gwnâi bob math o stumiau â'i freichiau, yn union fel petai'n arwain côr anweledig.

'Pwy yw'r dyn rhyfedd yna, Dada?'

'O, paid â chymryd sylw ohono fe. Wil Tŷ Ucha yw e.'

'Ond pam ma' fe'n pwyso yn erbyn y wal ac yn ysgwyd ei freichie fel'na?'

'Wedi meddwi ma' fe.'

'Dada.'

'Ie.'

'Beth yw meddwi?'

'Fe ddoi di i wbod rywbryd.'

Ac fe wnes. Ac fe ddeuthum hefyd i adnabod y dyn bach sigledig hwnnw, Wil Tŷ Ucha.

Ond fel Defis Bach y daethom ni, lanciau, i'w adnabod. A byddem yn siŵr o'i ganfod naill ai yn y *Red*, y *Blac* neu'r *Cross Inn* yn Ffair Rhos, tafarn ar sgwâr y pentref lle trigai.

Dawn ddigymar Defis oedd sicrhau cyflenwadau o gwrw am ddim. Anaml iawn y byddai angen iddo i fynd i'w boced, ond nid drwy unrhyw ddulliau o berswâd y llwyddai. Prynu peint er mwyn cael llonydd ganddo a wnâi pawb. Byddai ganddo bader barod bob amser.

'Hei, Lyn achan. Shwt ma' dy fam? Menyw neis, dy fam. Fe ges i a hi'n geni yn yr un flwyddyn – yn 1900. Ma' dy fam a fi mor hen â'r flwyddyn. Cofia fi ati.'

Wrth iddo fy annerch fe wthiai ei wydr peint gwag yn agosach at fy mhenelin gyda chynildeb gordd. Ac fe wnawn dalu, wrth gwrs, er mwyn cael llonydd.

Ar ôl gorffen y peint hwnnw, hwyrach mai Lloyd fyddai ei darged nesaf. Tynnai Defis wats boced allan, ei hysgwyd ac yna cymharu'r amser arni â'r amser ar gloc y bar, yna fe wnâi droi at Lloyd.

'Hei, Lloyd yr hen foi. Ti'n gweld y watsh 'ma? Ti fydd pia

hon pan fydda' i farw.'

Lloyd, wedyn, yn tynnu ei goes.

'Hen wats tshêp yw hi. Hen watsh geinog a dime.'

'Ma' hon yn watsh dda, gwd boi. Cadw'i hamser yn berffeth. Ma' hon yn whâr i'r haul, gwd boi, whâr i'r haul.'

'Fe wnes ti addo honna i Ken Tŷ Bach nos Sadwrn diwetha.'

'Celwydd! Pwy wedodd wrthot ti? Na, na, ti fydd pia hon pan fydda i'n pydru yn y fynwent.'

'Wnei di byth bydru'r diawl, câl dy biclo gei di.'

'Dere mlân nawr, 'sdim ise bod fel'na. Petai Ken yma nawr fe bryne fe beint i fi. Boi ffein yw Ken Tŷ Bach. Ma' parch 'da Ken at hen bobol fel fi.'

Wrth gwrs, petai e'n siarad â Ken, Lloyd fyddai'r arwr wrth iddo geisio perswadio Ken i brynu peint iddo.

Roedd Defis gryn dipyn yn hŷn na'r llanciau â'i hamgylchynai, ac wrth deithio yma ac acw gyda rheiny i yrfa chwist neu eisteddfod fe âi gyda nhw i'r dafarn leol, ble bynnag fyddai pen y daith. Ond tra byddai'r bois yn mynychu'r yrfa chwist neu'r eisteddfod, sefyllian yn y dafarn wnâi Defis. Ac yno, yng nghanol dieithriaid, byddai Wil ar ei orau.

Torrai'r garw drwy beswch. Ac ni anwyd erioed besychwr fel Defis Bach. Gallasai fod wedi ennill capiau di-rif dros Gymru am beswch, a phetai'r fath beth yn bod â chôr pesychwyr, ef fyddai'r *top tenor*. Yn gyntaf fe ddaliai ei anadl nes i'w fochau chwyddo fel dwy bledren. Âi ei wyneb yn goch, ac yna'n biws. Yna plygai fel cyllell boced cyn dyfodiad y ffrwydrad. Pesychai wedyn o wadnau ei draed gan wthio'i dafod allan i'w lawn hyd, yna chwiliai am gadair gan ddisgyn yn swp arni, tynnu ei hances o'i boced a sychu ei lygaid. Byddai rhywun yn siŵr o fynd ato i'w gysuro.

'Odi chi'n teimlo'n iawn?'

'Yr hen fegin ddim yn dda.'

Rhwbiai ei frest ac ochneidiai.

'Diawl o beth. Llwch y glo. Gwitho dan ddaear am ddeucen mlynedd lawr sha'r Sowth. Chi'n gwpod dim amdani.'

Pesychiad arall. Rhwbio'i lygaid eto.

'Dyw'r hen lwced ddim yn dda chwaith. Gwitho yn y twllwch, 'chweld.'

Ymhlith dieithriaid fe fabwysiadai dafodiaith y Sowth, ond y pellaf y bu Defis i'r Sowth erioed oedd pan fynychai Bois y Bont ambell eisteddfod ym Mhumpsaint.

Ond doedd dim curo ar Defis Bach lle'r oedd cwrw am ddim yn y cwestiwn. Roedd e' yn y *Red* un prynhawn pan alwodd un o swyddogion y bragdy yn Aberystwyth gyda chriw'r lori gwrw. Prynodd beint yr un i'r tri neu bedwar oedd yn y bar. Teithiodd y lori yn ei blaen i'r *Blac*, dri chan llath i ffwrdd. Prynodd y swyddog beint i'r cwsmeriaid yn y bar yno hefyd. Roedd Defis Bach yn eu plith, yna fe yrrodd y lori'r ddwy filltir i fyny'r rhiw i'r *Cross Inn*. Allan â'r swyddog tra roedd y criw yn dadlwytho. Prynodd rownd i'r cwsmeriaid. Ac oedd, roedd Defis Bach yn eu plith. Roedd e wedi neidio ar gefn y lori wrth iddi adael y *Blac* ac wedi sleifio i far y *Cross Inn* o flaen swyddog y bragdy.

Hen lanc oedd Defis. Ond un noson yn nhafarn y *Cwmdeuddwr* yn Rhaeadr Gwy fe ddenwyd ei sylw a'i ddiddordeb gan rhyw fenyw leol. Safodd Defis o'i blaen a gwthiodd ei fol allan fel ceiliog dandi.

*How are you, Missus?* gofynnodd Defis.

*I'm not a Missus, I'm a Miss*, atebodd hithau.

A dyma Defis yn ceisio esbonio ei fod yntau'n ddibriod.

*Don't worry, I'm a Miss also.*

Treuliodd Defis gyfnod olaf ei fywyd yn byw yn Aberystwyth, yn cadw'r strydoedd yn daclus i Gyngor y Dref yn gyntaf. Mynych y gwelid ei gert fach wedi'i pharcio y tu allan i dafarn y Cambrian tra roedd Defis yn torri ei syched y tu mewn. Un prynhawn, ac yntau'n yfed yn y bar, aeth rhai o'r llanciau lleol ati i lenwi ei gert â dwsin o frics. Bu Defis wrthi am hydoedd yn ceisio gwthio'r gert yn ôl i'r *depot*. Y bore wedyn, er mawr hwyl i Tom Ellis, y tafarnwr, bu Defis yn yfed Ginis er mwyn adfer ei nerth.

Y *Cambrian* oedd ei gartref naturiol yn Aberystwyth, lle bu Tom Ellis yn ofalus iawn ohono. Ac yn y *Cambrian* fe lwyddodd i ddatblygu ei ddawn fawr o gael cwrw am ddim hyd yn oed ymhellach.

Un o'i gyd-yfwyr yn y *Cambrian* oedd Dai Joci, un arall o bobol y Bont. Byddai Dai yn marchogaeth ceffylau i rai o brif berchnogion ceffylau rasys Ewrop. Yn ddiweddarach, troesai i fod yn fwci, a chael pregeth gan Marged Bryngors am 'hela ofn ar bobol'. Credai Marged fod Dai yn cael ei gyflogi i fod yn fwci-bo.

Pan fu farw Dai, cawsom ryw orig fach i'w goffáu yn y *Cambrian*. Dyna lle'r oedd Defis Bach yn cydymdeimlo ac yn cyd-gofio. Pawb yn sôn am y golled, a Defis yn ategu.

'Ie, colled fowr, bois, colled fowr – yn enwedig i'r Sosial. Newydd brynu cot newydd iddo fe o'wn nhw. Dyna'i chi wastraff.'

Yn y *Cambrian* y trefnwyd gwledd briodas Jên a minnau ym 1969. Roedd y lle'n llawn o bobol y Bont a Ffair Rhos, a Defis Bach yn ei elfen. Erbyn diwedd y nos, ag yntau eisoes wedi yfed ei wala a'i weddill o gwrw am ddim, roedd cymaint â 13 o beints yn dal ar ei gyfer y tu ôl i'r bar.

Treuliodd ei flynyddoedd olaf mewn cartref i'r henoed. Ond ni amharodd hynny mewn unrhyw ffordd ar ei ymweliadau â'r *Cambrian*, ond tra roedd ei draed yn Aberystwyth, roedd ei galon yn y Bont a Ffair Rhos.

Câi Defis ei adnabod gan Fois y Bont fel Maer Ffair Rhos. Hoffai hynny'n fawr. Pan fyddai ar ei ffordd adre yn yr hen *Austin 16* yn dilyn ambell noson fawr, wedi iddo ddrachtio'n ddwfn o laeth y fuwch goch, chwedl yntau, ei gyfaddefiad fyddai:

'Bois, ma' Maer Ffair Rhos wedi meddwi.'

Bryd arall ceisiai ganu, a methu. Ond fe lwyddai i fwmian aralleiriad o emyn mawr Morgan Rhys:

Diolch Iddo, byth am gofio
Maer Ffair Rhos.

Os oes yna Nefoedd, ac os oes ynddi far, mae Defis Bach yno yn yfed ac yn peswch. Ac fe fyddwn i'n barod i fetio sofren ei fod e' wrthi'r funud hon yn ceisio perswadio Pedr i dalu am beint. Ac yn gaddo gadael ei wats i Mathew. Ac i Marc. Ac i Luc. Ac i Ioan . . .

'Whâr i'r haul, gwd boi, whâr i'r haul.'

# Goginan

Mae rhai pobl yn yr hen fyd yma nad ydynt angen enw bedydd na chyfenw – mae cyfeirio at eu bro yn ddigon. Un felly oedd Pontshân, un felly yw Bwlchllan, ac un felly oedd Goginan.

Ei enw swyddogol, wrth gwrs, oedd Peter Davies. Ond prin iawn oedd y rhai â'i cyfarchai felly. Goginan oedd e i bawb, bron.

Yn ddaearyddol, pentre bach rhwng Aberystwyth a Phonterwyd yw Goginan. Ond i ddwsinau, os nad cannoedd o Gymry, roedd yr enw Goginan yn cyfeirio at un o'r cymeriadau mwyaf lliwgar a dadleuol a anwyd erioed.

Roedd Goginan yn gymysgfa ryfedd – yn baradocs. Anodd fyddai canfod cymaint o ddeuoliaethau o fewn un bersonoliaeth. Roedd e'n biwritan ac yn fohemian, yn gydymffurfiwr ac yn rebel, yn Gristion ac yn bagan yr un pryd.

Codwyd Goginan (Peter, nid y pentre) i fynychu Jezreel, capel y Bedyddwyr Goginan (y pentre, nid Peter) yng nghwmni ei fam-gu. Enillodd ei wobr gyntaf am adrodd yr emyn, *Dyma Gariad fel y Moroedd* mewn cystadleuaeth dan chwech oed. Hyd ei arddegau hwyr, ei fwriad oedd mynd i'r pulpud. Yn wir, bu yn y pulpud droeon fel pregethwr cynorthwyol.

Collodd ei ffydd, ac erbyn diwedd y 60au roedd e allan yng nghwmni Tom Evans, tafarnwr y *Prince Albert* yn Aberystwyth bryd hynny, yn pregethu dros agor tafarnau ar y Sul yn dynwared lleisiau pregethwyr lleol tra'n gwneud hynny, gan greu embaras nid bychan i'r gwyrda hynny. Ddiwedd ei oes fe ailddarganfu ei ffydd, diolch yn bennaf i weinidogion goleuedig lleol fel Pryderi Llwyd Jones a Peter Thomas, a byddai'n troi i mewn yn achlysurol i'r Morfa neu i Fethel ar nos Sul.

Fyddai hyd yn oed y dychmygwr mwyaf ffansïol ddim yn medru meddwl am Goginan fel dyn ffit. Fe gariai gryn bwysau, ac ymddangosai ei ben fel petai'n rhy fawr i'w gorff. Gyda'i farf aflêr a'i wallt a oedd weithiau'n ymestyn dros ei goler, gosodai her hunllefus i unrhyw farbwr. Edrychai fel Rasputin ar ddiwrnod gwael, a chyda ffag rhwng ei fys a'i fawd yn barhaol, roedd hi'n anodd credu y gallai groesi'r stryd heb golli ei anadl. Eto'i gyd, yn Ysgol Ardwyn yn ei arddegau roedd e'n aelod o dîm athletau'r ysgol ac yn bencampwr ar y wib ganllath. Cynrychiolodd ei sir yn y ras gyfnewid.

Cynnyrch Coleg y Drindod, Caerfyrddin oedd Goginan, ac er iddo ddod yn enwog fel adroddwr, fe brofodd yn ystod y cyfnod hwn, wrth draed Nora Isaac, y gallasai fod wedi gwneud ei enw fel actor. Medraf ei gofio'n dda yn chwarae rhan yn nrama Lorca, *Priodas Waed*, yn Eisteddfod Y Drenewydd.

Gwnaeth ei farc yn gynnar fel bardd drwy ennill ei Gadair gyntaf wrth iddo droi'r 17 oed. Aeth ymlaen i ennill 30 Cadair – yn eu plith Gadair yr Urdd yng Nghaergybi 1966 a Chaerfyrddin 1967. Barn llawer yw y gallasai fod wedi ychwanegu Coron y Brifwyl at ei gasgliad o dlysau petai wedi bod yn ddigon disgybledig a dyfalbarhaus.

Ychydig cyn dyddiad cau cystadleuaeth Coron Caergybi derbyniais lythyr oddi wrtho. Mae e gen i o hyd. Fe'i hanfonodd o 17 Ucheldre, Llangefni gan fy nghyfarch fel 'Cyfaill publicanod a phechaduriaid.' Disgrifiodd ei neges fel 'Gair o Ehenna'. Gofyn am wybodaeth oedd e – gwybodaeth ar Wrthryfel y Pasg 1916. Caeodd ei lythyr gyda'r geiriau: 'Mae'r synagog yn agor am chwech' gan arwyddo'r llythyr 'Yr arch yfwr cymedrol, Pete.'

Anfonais gyfrol Max Caulfield ato, *The Easter Rebellion*. Defnyddiodd y wybodaeth i gyfansoddi cerdd ar Padraig

Pearse. Fe enillodd. Ond welais i fyth 'mo'r gyfrol wedyn.

Fe gystadlodd am Goron yr Eisteddfod Genedlaethol deirgwaith neu bedair. Daeth ei honiad blynyddol mai 'Ail o'wn i' yn chwedl. Yn hytrach na dyfalbarhau ar drywydd y Goron Genedlaethol, bodlonodd ar fod yn dditectif eisteddfodol – crefft a etifeddodd oddi wrth ddau fardd lleol, Ifan Jones ac Ifor Davies. Roedd Ifan, yn arbennig, yn waetgi llenyddol. Dilynai bob trywydd er mwyn mynd â'r maen i'r wal. Yn wir, âi mor bell â theithio i Landysul ambell flwyddyn tua phythefnos cyn cychwyn y Brifwyl yn y gobaith y medrai sleifio i mewn i Wasg Gomer er mwyn cael cipolwg slei ar broflenni'r Cyfansoddiadau. Dywedir fod y Brodyr Lewis yn gorfod cadw ysbïwr yn Synod Inn i gadw golwg ar bob bỳs *Crosville* yn ystod y cyfnod cyn y Brifwyl rhag ofn bod Ifan arno, gyda'r gorchymyn i ffonio'r wasg yn ddiymdroi os câi ei weld yn cyfeirio am Landysul.

Roedd Ifor yn fwy dadansoddol ei ddulliau, ond byddai'n agos iawn ati bob tro wrth ddyfalu pwy ddaeth yn ail ac yn drydydd am y prif wobrau llenyddol, neu bwy oedd ar y brig pe atelid y wobr.

Ac ar ôl eu colli, mae'n anodd meddwl am unrhyw un yng Nghymru oedd yn fwy hyddysg o ran ffeithiau am y Goron a'r Gadair yn ystod y ganrif ddiwethaf. A doedd Goginan ddim yn brin o wybodaeth am aml i sgandal eisteddfodol. Bwriadodd gyhoeddi cyfrol ar yr union bwnc ond gall beirdd gysgu'n esmwythach yn eu gwelâu bellach. Mae eu cyfrinachau'n saff.

Fel adroddwr – neu, hwyrach mai fel perfformiwr y dylwn i ei ddisgrifio – fe wnaeth ei farc ymhlith y goreuon. Ar lwyfan yn adrodd *John Mathews*, cerdd Rhydwen Williams, neu *Glannau* John Roderick Rees, neu ym mar y *Cŵps* yn cyflwyno cerdd dafodieithol fawr Alwyn Thomas, Dyserth *Profiad*, byddai ei ddawn yn un a hawliai dawelwch ac edmygedd. Yn wir, un cof da amdano oedd noson lansio un o'm llyfrau. Y noson honno fe gytunodd i adrodd *Profiad*, a dyna un o'i berfformiadau mwyaf erioed.

Roedd e'n gryn ddynwaredwr hefyd. Fe'i clywid yn aml yn dynwared Cynan neu Jubilee Young, Gwyn Thomas, yr awdur Eingl Gymraeg a Dylan Thomas. Gwn iddo berfformio droeon er mwyn codi arian at achosion da heb iddo godi unrhyw dâl. 'O'dd mam wastad yn gweud tho'i, os byddwn i'n perfformo mewn addoldy na ddylwn i byth ofyn am dâl.'

Mae'n anodd credu iddo fod ag unrhyw uchelgais fawr. Breuddwydiwr oedd e. Doedd gwireddu'r freuddwyd ddim yn bwysig. Y freuddwyd ei hun oedd y peth mawr. Fe wnâi gyfaddef mai dim ond crwydro'r coridorau a wnaeth yn ystod ei dair blynedd yn y Drindod cyn syrthio mewn cariad a symud i fyw fel meudwy mewn bwthyn uwchlaw Rachub yn ardal Bethesda. Enw'r tŷ oedd Tanybwlch-bach ond fe'i hailfedyddiwyd ganddo yn Dyddyn Gelert. Dihunodd un bore i syllu ar yr awyr uwch ei ben. Roedd storm o wynt wedi codi'r to heb iddo glywed dim. Ond dyna fe, doedd codi'r to ddim yn beth dieithr i Goginan.

Bu'n dysgu am gyfnodau yn y gogledd cyn ymsefydlu fel darlithydd yng Ngwent am ymron i chwarter canrif. Tra'n darlithio mewn astudiaethau cyffredinol bu wrthi hefyd, yn ei amser sbâr, yn paratoi cefndir achosion i dwrneiod yng Nghasnewydd. Bu'n rhaid iddo ymddeol yn gynnar oherwydd aflwydd ar ei stumog.

Fe allasai, yn hawdd, fod wedi mynd i fyd y wasg neu'r cyfryngau. Yn ystod ei ddyddiau ysgol cafodd hyfforddiant parod gan Doug Wright, golygydd y *Cambrian News*, fel gohebydd, ac am ddeng mis bu'n un o gyflwynwyr *Sgubor Lawen* ar HTV.

Hoffai frolio mai ef oedd swyddog propaganda Byddin Rhyddid Cymru ganol y chwedegau. Ac roedd gwir yn hynny. Cayo Evans fyddai'n paratoi'r bwledi geiriol, a Goginan fyddai'n eu tanio nhw drwy gysylltu â'r wasg a'r cyfryngau. Oedd, roedd Goginan yn *spin doctor* dri degawd cyn i'r ymadrodd gael ei fathu.

Yng nghwmni Goginan roedd yr anarferol yn beth cyffredin

iawn. Byddai'r elfen fisâr oedd yn rhan bwysig o'i gymeriad yn ei wneud yn gwmnïwr di-ail, ac fel pob ecsentrig go iawn doedd e ddim yn sylweddoli ei fod e'n ecsentrig. Creai fyd o ffantasi, ac erbyn y diwedd fe geisiai fyw'r ffantasi hwnnw. Broliai iddo dderbyn deng mil o bunnau fel blaendal am nofel Saesneg. Cymerai arno weithio i'r *Observer*, ac am gyfnod, cariai brosesydd geiriau bychan gydag ef i bobman i brofi hynny. Gwyddai o'r gorau fy mod i'n gwybod mai ffantasïau llwyr oedd y rhain – ond ni hidiai. Iddo ef, roedd y cyfan yn bosib, ac o'r herwydd yn wir, a Duw a ŵyr, roedd ganddo'r gallu. Trwy'r cyfan smygai ffag ar ôl ffag, yfai wisgi ar ôl wisgi, seidr ar ôl seidr wrth ddal pen rheswm gyda huodledd a hwyl.

Ond câi funudau tywyll hefyd. Daethai i sylweddoli'r ffaith ei fod e'n blentyn ordderch, a hynny mewn cyfnod pan oedd y fath beth yn esgymun gan barchusion cymdeithas. Daeth yn ymwybodol o'r ffaith tra oedd yn fyfyriwr yn y Drindod, ac o hynny ymlaen bu ei ymateb i'r wybodaeth honno yn un cymysg iawn. Ar y naill law, teimlai fod hyn yn ei wneud yn fwy fyth o rebel. Am gyfnod fe wnâi fynnu mai Dewi Emrys oedd ei dad. Yna aeth ati i greu tad dychmygol – milwr Americanaidd a laddwyd yng nghyrch Normandi ychydig wythnosau cyn geni'r mab.

Roedd y gwir yn dra gwahanol, fel y cefais wybod ganddo yn ystod un o'n sesiynau mawr. Wnâ' i ddim manylu, ond credaf i'r ansicrwydd am ei dadogaeth gyfrannu'n gryf at ei natur anghyson.

Mae yna stôr o storïau y medrwn i eu hadrodd amdano. Unwaith, ar benwythnos Steddfod Llambed fe alwodd heibio'r tŷ. Roedd arno angen defnyddio'r teliffon. Ffonio'r banc oedd e gan ofyn am fenthyciad o ganpunt. 'Fe allai'ch sicrhau chi,' meddai wrth reolwr y banc, 'y bydd y canpunt nôl gyda chi y peth cynta bore dydd Mawrth. Chi'n gweld, rwy' ar y ffordd i Lambed i gystadlu ar yr her adroddiad. Mae 'na ganpunt o wobr, a rwy'n mynd i ennill.'

Do, fe aeth i Lambed a do, fe enillodd. Ond a oedd y siec yn y banc y peth cynta bore dydd Mawrth? Mae hwnnw'n gwestiwn arall.

Treuliais rai o oriau difyrraf fy mywyd yn ei gwmni, ac roedd llawer o'r rheiny'n gysylltiedig â'r Brifwyl. Yn ei gwmni ef y gwneuthum gyfarfod â Robin Day a Keidrych Rhys yn y *Black Boy* yng Nghaernarfon yn 1959. Yn y Bala wedyn, dyma'r ddau ohonom yn canfod yr actor Huw Griffith y tu ôl i'r *Plas Coch*. Wrth i ni sgwrsio, fe ddaeth rhyw laslanc heibio a gosod sticer Byddin Rhyddid Cymru ar ffenest flaen y car a huriwyd gan Huw ar gyfer yr ŵyl. Bloeddiodd Huw, a dyma'r llanc, druan, yn rhewi yn ei unfan. Draw yr aeth Huw a gafael yn ei war.

'Chi wnaeth osod y sticer yna ar fy nghar i?'

Amneidiodd y llanc yn grynedig. A dyma Huw yn gwenu ac yn gosod ei law ar ben y bachgen yn dadaidd a dweud:

'Da iawn, 'machgen i. Da iawn chi.'

Yng nghwmni Goginan y cefais sesiwn yn sgwrsio â Charadog Prichard a Howel Hughes Bogota, a hynny yn Eisteddfod yr Urdd yn Llanrwst – prynhawn i'w gofio.

Fe rannodd y ddau ohonom fannau cysgu tra anarferol mewn ambell Steddfod. Yn Abertawe yn 1964 cysgasom dan goeden ym Mharc Singleton, yn stiwdio'r BBC yn Heol Alecsandra a'r tu mewn i ffenest siop; cysgu mewn cragen hen gar yn y Barri; siario pabell yn y Bala, ac ar yr unig noson i ni beidio â chlwydo yno, dyma ddarganfod y bore wedyn fod lori wedi gyrru drosti.

Ni wireddodd Goginan ei addewid cynnar fel actor ond pleser mawr iddo, flwyddyn cyn ei farw, fu cael ymddangos ar S4C yn chwarae rhan Sant Padarn gyda Twm Morys a'i ffrindiau, ac roedd rhyw gyffyrddiad o'r hen saint cynnar yn ei ymddangosiad gyda'i wallt aflêr a'i farf hir – hwyrach iddo gael ei eni yn y ganrif anghywir. Byddai wedi bod yn gwbl gysurus yng nghwmni'r hen seintiau crwydrol. Ond yn wahanol i Dewi, fyddai Goginan ddim wedi bodloni ar ddŵr.

Un o bobl yr ymylon oedd Goginan. Er y gallai ddal pen

rheswm gyda'r ysgolhaig mwyaf, ei hoff gwmni oedd cymeriadau brith tref Aberystwyth a'r pentrefi cyfagos. Dywedodd R. Williams Parry amdano'i hun, 'Rwy'n wych, rwy'n wael, rwy'n gymysg oll i gyd'. Gallent yn hawdd fod yn eiriau Goginan. Er yn anenwadol – yn wir, gellid dweud ei fod e'n wrth-enwadol – byddai dadleuon crefyddol yn ei danio. Fe'i cythruddwyd i'r byw unwaith pan gyhoeddodd Archesgob Cymru fod y gwasanaethau crefyddol boreol mewn ysgolion, yr hen asemblis, yn hen ffasiwn a bod angen eu cwtogi. Eto'i gyd bu'n ymgyrchu dros agor tafarndai ar y Sul. Anodd penderfynu ai pagan Cristnogol oedd Peter ynteu Cristion paganaidd.

Fe berodd ei farwolaeth i mi feddwl yn ddwys amdano. Mewn sgwrs â hwn a hwn neu hon â hon byddai un peth yn siŵr o godi – y cyhuddiad iddo wastraffu ei amser. Ond tybed? Gallai, fe allai fod wedi codi Coron y Brifwyl. Gallai, fe allai fod wedi ysgrifennu nofel dda. Gallai, fe allai fod wedi cyhoeddi ei hunangofiant. Gwastraff o dalent, ond bellach dwi ddim mor siŵr.

Talent fwyaf Goginan oedd diddanu – bod yn gwmnïwr da, boed hynny drwy sgwrsio, drwy adrodd neu drwy ysgrifennu. Fe rannodd ei dalent fawr yn hael drwy ein diddanu ni, ei ffrindiau. Fe gyfoethogodd fywyd pob un ohonom a fu yn ei gwmni. Gwastraffu ei fywyd? Sgersli bilîf, chwedl Ifans y Tryc.

Er mawr ofid i ni, ei ffrindiau agos, clafychodd. Ond er gwaethaf pob cyngor ac anogaeth i newid ei ffordd o fyw, ni fynnai wrando. Dibynnai lai a llai ar fwyd a mwy ar yfed, ond gwrthodai weld meddyg. Y tro olaf iddo wneud hynny cafodd wybod fod ei ymennydd wedi dioddef nam a achoswyd gan ormodedd o alcohol. Ymddangosai ei fod yn dymuno marw. Naw mis cyn ei salwch olaf, fe lewygodd yn Eisteddfod Ponterwyd ac fe'i cludwyd i'r ysbyty. Yna, ychydig wythnosau cyn ei dranc, llithrodd ar ei ffordd i'r tŷ a threuliodd y nos yn gorwedd yn anymwybodol yn yr ardd, a hynny mewn tywydd oer a gwlyb. Hyn, mae'n rhaid, a arweiniodd at y diwedd. Ni fedrai ei gorff na'i enaid ddioddef mwy o sarhad.

Ar ei wely angau bu Goginan yn anymwybodol am ymron i wythnos. Trodd blynyddoedd o esgeulustod ei groen yn felyn. Ymladdai am ei anadl. Ar wahân i hynny, gorweddai'n llonydd – ond ni fu'n unig. Byddai rhywun wrth erchwyn ei wely gydol yr amser. Fe wnâi Arwel Jones, neu Rocet, adrodd cerddi Waldo uwch ei orweddfan am oriau bwy'i gilydd; bu Willie Mahon yn chwarae'r pibau Gwyddelig wrth draed ei wely, ac ni adawodd ei gydymaith ffyddlon, Heather, ei stafell gydol ei waeledd.

Roedd Twm Morys i fyny yn y gogledd pan glywodd am waeledd ei hen ffrind. Aeth ati i gyfansoddi cerdd amdano yn y fan a'r lle:

Be wyddom ni o dan y sêr
am be'r wyt ti'n breuddwydio,
i fyny ar dy wely gwyn
fel deryn wedi'i daro?
Bydd baner ddu dros Gymru i gyd
Nes byddi di 'di deffro.

Yn joch o wisgi aur heb ddŵr,
yn Lyndŵr dros bob achos,
Yn rhuo dy farn, yn hir dy farf,
yn tarfu ar y plantos;
lle bynnag rwyt ti'n hel dy din,
mae'r Mabinogi'n agos.

Bydd rhai'n dy watwar yn dy win
fel melin glep yn rwdlan,
ond mi fûm i lawer gwaith drwy'r nos
yn gwrando sŵn dy hopran,
ac yn hel y siwrwd sêr i'm sach,
Peter bach Goginan.

Trannoeth bu farw Goginan. Coffawyd ef mewn englynion gan

y Prifardd Dafydd Pritchard. Dyma'r englyn olaf:

Stôl wag a'r Cŵps ar agor – yn ddistaw
    heb bryddestau rhagor,
     'mond sŵn grwndi miri'r môr
    a hen wylan, sŵn elor.

Nid stôl yn y Cŵps yn unig sy'n wag hebddo. Heb ei gellwair a'i ryfyg, ei daran o lais a'i gwmnïaeth ddifyr mae'r byd i gyd yn wag.

Dim ond pentref yw Goginan bellach.

# Y Golygydd

Fy uchelgais erioed fu cael swydd fel newyddiadurwr. Pan yn llanc, dychmygwn ddynion papur newydd fel creadigaethau a oedd yn gyfuniad o gymeriadau Raymond Chandler a Dashiell Hammett, pobl sinigaidd, groendew, wynebgaled yn gwisgo het feddal gyda thocyn y wasg yn y rhwymyn, cot law hir a fflasg o *Bourbon* wedi'i gwthio i boced ôl eu trowser.

Ond gwahanol iawn oedd delwedd y dyn papur newydd cyntaf i mi weithio iddo. Oedd, roedd Doug Wright yn sinig, ond ymddangosai'n fwy fel rheolwr banc na golygydd y *Cambrian News*. Gwisgai'n ddestlus bob amser – siwt fel arfer, a phob blewyn o'i wallt arian trwchus yn ei le. Roedd ganddo wyneb golygus a atgoffai rhywun o'r Douglas arall hwnnw, seren y sgrîn arian, Douglas Fairbanks Jr. Denai gryn ddiddordeb o blith y rhyw deg, er ei fod yn briod. Tynnai'n barhaol ar ei getyn heb iddo sylweddoli ei bod hi, yn amlach na pheidio, wedi hen ddiffodd.

Cychwynnais weithio gyda'r *Cambrian News* fel cyw ohebydd yn 1968, yn dilyn dros saith mlynedd o burdan yn llyfrgell y coleg. Purdan am fy mod yno yn groes i'r graen ac am fod cyn lleied i'w wneud yno. Fe fyddwn yn llenwi llawer o'r amser, pan na fyddwn yn darllen nofelau Americanaidd, yn dal i freuddwydio am gael bod yn newyddiadurwr.

Daeth y cyfle hwnnw yn rhyfeddol o sydyn yn y diwedd. Derbyniais alwad ffôn yn y llyfrgell oddi wrth Doug. Roedd e wedi clywed am fy awydd i weithio ar bapur newydd, a gwyddai fod gen i ryw fath o grap ar newyddiadura gan i mi

73

gyfrannu'n achlysurol ambell bwt o newyddion lleol o ardal y Bont a Ffair Rhos i'w bapur. Ei neges syml oedd fod angen gohebydd Cymraeg ar y papur. Oedd gen i ddiddordeb?

Diddordeb! A oedd gen i ddiddordeb? A oedd eirth yn caca mewn coedwig? A oedd Pawl y Chweched yn Babydd? O fewn mis roeddwn i wrth fy nesg ym mhencadlys y *Cambrian News*, adeilad mawr, sgwâr rhwng Grays Inn Road a Queen's Road, yn siario swyddfa â phedwar newyddiadurwr arall, Ken Hankey, Peter Parry, Howard Jones a Roy Hancock.

Yng nghwmni'r rhain, ac wrth draed Doug y bwriais fy mhrentisiaeth newyddiadurol, a hynny mewn swyddfa lychlyd Fictorianaidd. Ar silffoedd uchel gorweddai ffeiliau rhwymedig o hen rifynnau o'r papur, heb fod mewn unrhyw drefn gronolegol. Byrddau pren oedd y desgiau, a'r rheiny'n gwegian dan bwysau thesawrysau, geiriaduron, teipiaduron, copïau rhydd o'r papur newydd wedi hen felynu, a bwndeli o bapur copi yn mesur yr wyth-fodfedd-wrth-chwech safonol. Eisteddem ar stolion pren – estyll i eistedd arnynt, estyll i bwyso arnynt, a'r estyll hynny wedi'u gosod ar fframau metel tiwbaidd. Yn sefyll ger y drws byddai darllenfwrdd uchel ac arno gopïau o wahanol argraffiadau cyfredol o'r papur – y De, Aberystwyth, Dyffryn Dyfi a'r Gogledd. Yno, mesurid storïau fesul modfeddi yn hytrach nag wrth nifer y geiriau neu yn ôl eu gwerth newyddiadurol.

Doug fyddai'r prif fesurwr. Pan ofynnai am baragraff i lenwi twll mewn tudalen, fe wnâi ffurfio sgwaryn drwy uno'i ddau fawd â'i ddau fynegfys, a maint y sgwaryn hwnnw fyddai'n dynodi maint y paragraff angenrheidiol.

Y peth cyntaf wnes i oedd prynu bathodyn cardbord gwyrdd yn cario'r enw *PRESS* mewn inc du a'i wisgo'n falch yn llabed fy nghot. Teimlwn fy mod i wedi cyrraedd o'r diwedd – hynny yw, nes i Doug fy atgoffa o'm rhagflaenwyr yn y swydd. Roeddwn i mewn olyniaeth i Caradog Prichard, T. Glynne Davies a Dewi Morgan – ie, tri Phrifardd. Ni fûm yn hir cyn disgyn yn ôl i'r ddaear yn glep.

Prin wythnos a gymerodd cyn i mi sylweddoli hefyd nad oedd Doug wedi datgelu'r cyfan am y swydd. Yn ogystal â bod yn ohebydd Cymraeg, roedd disgwyl i mi hefyd olygu copi Saesneg heb sôn am fynychu achosion llys a chyfarfodydd y gwahanol gynghorau.

Roedd llawer i'w ddweud dros gael fy nhaflu i'r dwfn. Doedd dim amser i gloffi a hel meddyliau. Wats aur neu glun bren oedd y rheol glasurol, ond gwyddwn y byddai Doug wrth law i'm cywiro – ac mae'n bwysig pwysleisio mai cywiro a wnâi yn hytrach na cheryddu. Byddai'n arbennig o wybodus am reolau enllib. Roedd ei athroniaeth yn un gwbl syml:

*If in doubt, leave out.*

Credai Doug yn gryf mewn cario lluniau, yn arbennig luniau o grwpiau o bobl – ciniawau, pwyllgorau, timau chwaraeon ac ati. Ei efengyl oedd fod pob wyneb mewn llun yn werth copi o'r papur. Ac mewn adroddiadau angladdol, asgwrn cefn y papur i'r darllenwyr traddodiadol, rhaid fyddai cynnwys enwau rhoddwyr pob torch o flodau. Byddai rhestr rhoddwyr blodau yn costio swllt neu ddau y llinell. Ar y llaw arall, dim ond enwau aelodau o'r teulu agosaf gâi eu cynnwys yn rhestr y galarwyr. Doedd dim tâl am gynnwys y rheiny.

Bûm yn ddigon ffodus i gael profiad o weithio mewn swyddfa bapur newydd cyn i newyddiadura ac argraffu newid yn llwyr, a chyn fod angen gradd i fod yn ohebydd. Ein profiad ni, ohebwyr, yng ngholeg bywyd oedd yn bwysig i Doug.

Yn ystod yr wythnosau cyntaf doedd gen i ddim hyd yn oed deipiadur, a phan gefais un, ymddangosai fel rhywbeth a ddefnyddiwyd gan Moses i gofnodi'r Dengair Deddf. Cleciai'r morthwylion fel gwn otomatig. Roedd y llythyren 'E' ar goll, a bob tro y byddai angen 'E', byddai'n rhaid gadael bwlch. Arferwn lenwi'r bylchau wedyn â beiro. Yn y dyddiau cyn y peiriant recordio roedd llaw-fer yn gymhwyster pwysig, a doedd neb yn fwy hyddysg na Doug yn y maes hwnnw.

Ymunais ar unwaith â'r *NUJ*, sef Undeb y Newyddiadurwyr. Cyn hir, fi oedd ysgrifennydd y gangen. Pan gaem gyfarfod misol, byddai cymaint â dwsin o aelodau'n bresennol. Erbyn hyn, does ond dau aelod yng Nghanolbarth Cymru. Yn 1998 fe'm gwnaed yn aelod oes o'r undeb ac rwy'n dal i gario'r cerdyn undeb anrhydeddus hwnnw gyda balchder.

Câi'r papur ei osod a'i argraffu yn yr un adeilad â'r swyddfa newyddiadurol. Gosodid y tudalennau mewn fframiau pren a'u cloi, a byddai'r llythrennau yn cael eu llunio o blwm. Byddai sawr y plwm tawdd yn hongian dros bob man, ac os mai Doug oedd yn gyfrifol am yr agweddau newyddiadurol, nid ef fyddai'n penderfynu beth gâi ei hepgor pan fyddai gofod yn brin. Wil Evans, fforman yr adran argraffu fyddai'n penderfynu ar hynny, a ni feiddiai neb ddadlau â Wil. Nid ar sail diffyg pwysigrwydd stori y gwnâi Wil ei benderfyniad ond ar faint y stori. Pan ddeuai o hyd i stori o'r maint addas, allan gâi hi fynd.

Buan y gwnes i setlo a mwynhau fy hun. Gallai ambell achos llys fod yn arbennig o ddiddorol. Dyna'r achos pan oedd un o gymeriadau mawr y dre, Hefin Evans, neu Hefin yr Afanc, i ymddangos ar gyhuddiad o botsian eogiaid. Bu'r clerc yn galw'i enw gydol y bore, ond i ddim pwrpas. Ychydig cyn diwedd y sesiwn dyma'r cadeirydd, Mrs Treharne, gwraig a fedrai fod yn hynod galed ei dedfryd, yn gofyn i'r twrne, Dai Griffiths, a oedd i amddiffyn yr herwr, beth oedd hanes ei gleient. Ymateb y twrne fu ymddiheuro'n ddwys am absenoldeb y cyhuddedig, Mr Evans. Ni fedrai fod yn bresennol y bore hwnnw, meddai. A'r rheswm dros ei absenoldeb?

*'He is, Madam, at home doing some stock-taking.'*

Ac fe wenodd y cadeirydd.

Hen wraig o sipsi wedyn yn ymddangos ar gyhuddiad o fod yn feddw. Aeth ati i dyngu'r llw ar y Beibl, ond fe wnaeth hynny gyda geiriad tra gwahanol i'r arfer:

*'I swear by Almighty God that whatever the police say will be a load of bloody lies.'*

Unwaith y mis byddai gofyn i bob gohebydd, yn ei dro, weithio ar fore ddydd Sadwrn, a hon oedd yr adeg orau i fod yng nghwmni Doug. Clirio copi fel bod y basgedi'n wag erbyn

76

bore dydd Llun oedd y bwriad, ond fe anghofid hynny wrth i Doug ddatgelu rhai o sgandalau mwya'r dre. Gwyddai gyfrinachau pawb a oedd o unrhyw bwys yn yr ardal. Petai wedi penderfynu gwerthu ambell stori, buasai wedi llwyddo i lenwi tudalennau'r *News of the World* am wythnosau. Heb sôn am ychwanegu'n sylweddol at ei gyfrif banc.

Yn wir, byddai modd i ni atgyfnerthu'n cyflogau drwy werthu ambell stori flasus i'r papurau mawr. Pan ddeuai stori bwysicach na'r arfer i'r fei, byddwn yn cysylltu â Jim Price o'r *Daily Express*, Dave Ratcliffe o'r *Sketch* neu Reg Jones o'r *Mirror* a chael cil-dwrn digon sylweddol yn gydnabyddiaeth. Derbyniwn tua £40 am bob stori. Ac o ystyried mai £24 yr wythnos oedd fy nghyflog, roedd hyn yn dâl anrhydeddus. Doeddwn i ddim yn cwyno am fy nghyflog. Roedd hi'n unol â chanllawiau'r Undeb, a chymaint ag £11 yr wythnos yn fwy na'r hyn a dderbyniwn yn y llyfrgell.

Collwyd un sgŵp arbennig o dda un waith. Roedd ffermwr o waelod y sir wrthi'n hyfforddi mwnci i farchogaeth ar gefn ci defaid. Y bwriad oedd cael y mwnci i ddod yn ddigon medrus i gasglu'r praidd at ei gilydd tra'n marchogaeth y ci. Pan fyddai'r mwnci'n ddigon hyddysg yn y grefft byddai'r ffermwr yn cysylltu â mi er mwyn i mi drosglwyddo'r neges i Jim Price. Daeth y diwrnod mawr ac fe deithiodd Jim i lawr yr holl ffordd o Fanceinion. Ond siwrnai seithug fu hi. Erbyn iddo gyrraedd, roedd cartre'r mwnci yn dŷ galar. Roedd yr hen greadur, tra'n swingio ar raff yn ei gaets y noson cynt, wedi crogi ei hun. Costiodd marwolaeth y mwnci £40 i mi.

Roedd gen i barch mawr tuag at Doug. Daethai i Aberystwyth yn llanc o Southampton. Yn un o bedwar o blant, bu farw'i rieni'n ifanc gan ei adael yntau a'r lleill yn amddifaid. Fe'u gwasgarwyd i fyw gyda pherthnasau, a chanfu Doug ei hun yn byw gyda modryb yn Aberystwyth. Gadawodd yr ysgol yn bymtheg oed ac fe'i cyflogwyd fel rhwymwr llyfrau yn y *Cambrian News*, ond buan y sylweddolwyd fod ganddo ddawn newyddiadurol ac fe'i trosglwyddwyd i weithio gyda'r gohebyddion. Llwyddodd i ddringo'r ysgol o'r ris isaf fel gwas bach y swyddfa i'r ris uchaf un, a hynny drwy ei ymdrechion ei hun. Teimlem oll ryw deyrngarwch nid yn unig at Doug, ond at y cwmni hefyd. Roedd yn fantais mai cwmni teuluol oedd y perchnogion, teulu Reed, ac roedd Doug wedi gweithio wrth draed Robert Reed – y cyntaf o'r teulu i fod wrth y llyw.

Bu gan y teulu draddodiad ymneilltuol a Rhyddfrydol. Henry, mab Robert oedd y perchennog pan oeddwn i yno – dyn egwyddorol a wrthodai unrhyw ffafriaeth. Byddai'n gadarn yn ei wrthodiad i Seiri Rhyddion a geisient osgoi cael eu henwau wedi'u cyhoeddi yn dilyn achos llys.

Cychwynnodd Doug pan oedd swyddfa'r papur uwchben yr adeilad sydd bellach yn siop *W.H. Smith*, a hynny pan oedd *Y Faner* yn chwaer bapur i'r *Cambrian News* a Prosser Rhys yn olygydd arni.

Gyda threigl y blynyddoedd mabwysiadodd Doug haen drwchus o sinigiaeth. Doedd brwdfrydedd ddim yn cael lle yn ei eirfa. Un bore dyma un o'r gohebwyr yn rhuthro i mewn â'i wynt yn ei ddwrn.

'Mr Wright, mae 'na fenyw wedi marw o dan amgylchiadau amheus yn Greenfield Street ac mae'r heddlu'n amau llofruddiaeth!'

Ni chododd Doug ei olygon o dudalennau'r *Times* o'i flaen. Tynnodd yn araf ar ei getyn ddi-dân.

'Hmmm. Wel, wel, wn i ddim i ba beth mae'r byd yma'n dod. Mae'r dre 'ma'n mynd yn fwy anwaraidd bob dydd. Fe dorrodd rhywun ffenest yn Eastgate neithiwr.'

Roedd swyddfa Doug, a siariai gyda'i ysgrifenyddes, y drws nesa i ni. Weithiau fe wthiai ei ben rhwng y drws hanner-agored â'r ffrâm. Yn amlach na heb, fe gâi fod y lle yn wag. Pawb allan yn cael paned. Fe âi'n ôl at ei ysgrifenyddes gan ysgwyd ei ben yn araf.

'Mae hi'n dawel y drws nesa. Roedd 'na fwy o fywyd na hyn'na ar fwrdd y *Mary Celeste*.'

Enghraifft wych o'i hiwmor sych oedd y cyfnod pan arferai

cymeriad rhyfedd iawn ddod i'n gweld bron bob dydd. Doedd y dyn ddim yn ei iawn bwyll, ond medrai fod yn ddiddorol. Cafodd Doug lond bol ar hyn ac fe'i gwaharddodd o'r swyddfa.

Ymateb y dyn, a wisgai lifrai milwrol bob amser, oedd bygwth y ferch yn y dderbynfa y byddai'n dychwelyd â gwn i'n saethu ni gyd. Rhuthrodd y ferch i fyny'r grisiau at Doug gyda'r newydd. Ni chyffrôdd hwnnw. Ysgydwodd ei ben yn dawel.

'Rwy'n gwybod yn union sut mae e'n teimlo, ond fe fydd e'n fwy lwcus na fi os wnaiff e'u canfod nhw i mewn.'

Mae byd y papur newydd wedi newid yn llwyr, a'r dydd pan fedrai pobol leol alw am sgwrs yn swyddfa'r *Cambrian News* wedi hen fynd heibio. Gellir canfod pencadlys y papur ymhellach i fyny ar ystâd ddiwydiannol uwchlaw Llanbadarn Fawr. Torrwyd y cysylltiad personol â'r bobol. Mae'r awyrgylch erbyn hyn yn fwy cydnaws i lawr ffatri nag i swyddfa bapur newydd. Ac addas hynny, hwyrach; cynhyrchu papur newydd sy'n talu yw prif bwrpas y cwmnïau heddiw, nid bodloni awch darllenwyr am storïau lleol. Does dim lle nac amser i draddodiad na sentiment. Collwyd hefyd y cysylltiad teuluol. Mae'r papur erbyn hyn wedi'i brynu gan gwmni mawr – nid bod y *Cambrian News* yn wahanol yn hyn o beth i bron bob papur newydd rhanbarthol arall. Mae ei gylchrediad gyfuwch ag erioed, a dyna beth sy'n cyfrif y dyddiau hyn. Mae pawb eisiau byw.

Fel dyn trwsiadus ei hun, disgwyliai Doug i ninnau fod yr un fath. Roedd angen dangos parch i'r cyhoedd – yn enwedig o gofio mai un o'n gorchwylion fyddai galw mewn tai galar am adroddiadau angladdol. Un diwrnod, clywodd fod rhywun o Benparcau wedi marw, a dyma ddanfon un o'r gohebwyr, Arthur Williams, i fyny yno i gasglu'r wybodaeth. Curodd y gohebydd y drws yn betrusgar, ei neges o gydymdeimlad eisoes wedi'i ymarfer ac wedi'i serio ar ei feddwl. Agorwyd y drws, nid gan aelod galarus o'r teulu ond gan yr 'ymadawedig' ei hun!

Pan fu farw Doug fe ddaeth rhyw syniad ynfyd i'm pen. Pwy, tybed, fyddai'n casglu manylion angladdol y cyn-olygydd ei hun i'r papur? Petai e'n ymwybodol o'm cwestiwn, rwy'n siŵr y gwnâi hyd yn oed ef, y sinig mawr ei hun, wisgo gwên. Ac fe ddaliai ei ddau fynegfys ar wahân a'i fodiau ar draws i ddangos i mi hyd yr adroddiad a ddymunai ei gael am ei angladd ei hun.

Ond y gwir amdani yw y byddai arnaf angen rhifyn cyfan ar gyfer adroddiad teilwng am Doug.

# Cayo

Roedd Julian William Edward Cayo Evans, Cadlywydd hunanetholedig Byddin Rhyddid Cymru, yn bopeth nad oeddwn i. Trigai mewn plasty; roedd e'n ddwylath o daldra ac yn olygus. Gwisgai got dri chwarter Edwardaidd, gwasgod liwgar a sgidiau cowboi. Marchogai ar geffyl tal. Denai edmygedd merched ble bynnag yr âi. Carlamai rhamant drwy bob diferyn o'i waed. Perthynai iddo rhyw hen foneddigrwydd byddigions oes a fu. Roedd iddo gymaint o swyn fel y gallai ddenu'r adar o'r coed. Ei unig wendid oedd iddo gael ei eni ddwy ganrif yn rhy hwyr.

Ni chafwyd erioed fwy o enigma na Cayo. Yn fab i Uchel-Siryf Sir Aberteifi, a oedd hefyd yn ysgolhaig a enillodd dair gradd dosbarth cyntaf yng Nghaergrawnt, fe'i haddysgwyd yn ysgol fonedd Millfield. Er hynny, ei wir ffrindiau oedd sipswn, tinceriaid a ffermwyr lleol.

Bu'n filwr am ddwy flynedd ym Malaya gyda Chyffinwyr De Cymru, yn ymladd yn erbyn y Comiwnyddion. Ond er iddo wasanaethu fel milwr Prydeinig, sefydlodd fyddin gyda'r bwriad o ddymchwel llywodraeth Seisnig yng Nghymru drwy'r dulliau *guerrilla* a ddefnyddiwyd yn ei erbyn ef a'i gyd-filwyr ym Malaya.

Yn weriniaethwr pybyr, safai ar y dde eithafol yn wleidyddol. Un o'i arwyr mawr oedd y Cadlywydd Franco. Doedd ganddo ddim amser i bobl yr adain chwith, a ddisgrifiai fel 'Pincos'. Yn dilyn ei gyfnod o wasanaeth milwrol, bu'n ffyrnig o wrth-Gomiwnyddol weddill ei fywyd.

Enw yn unig oedd Byddin Rhyddid Cymru cyn i Cayo gipio'r awenau yn 1962, ac roedd gen i ran anuniongyrchol yn hyn o beth. Pan wnes i gyfarfod ag ef am y tro cyntaf yn nhafarn *Rhos yr Hafod*, lle chwaraeai'r acordion yn y bar, bu'n pregethu'n hir ac yn huawdl wrthyf am hanes Iwerddon. Ceisiais ymresymu ag ef drwy ddadlau y dylai feddwl mwy am ryddid Cymru nag am Iwerddon unedig. Ac er mawr syndod i mi, aeth y neges adre. Daethom yn ffrindiau agos.

Flwyddyn yn ddiweddarach, gwelwyd ef a dau o'i gymdeithion yn gorymdeithio'n agored mewn lifrai milwrol gwyrdd yn agoriad Argae Tryweryn. Roedd Byddin Rhyddid Cymru wedi gwneud ei hymddangosiad cyhoeddus cyntaf.

Am y pum mlynedd nesaf aeth Cayo ati i dwyllo'r awdurdodau'n llwyr. Honnai fod yn arweinydd ar fyddin o saith mil o gefnogwyr yn y mynyddoedd. Roedd e'n feistr ar gyhoeddusrwydd. Roeddwn i'n bresennol unwaith yn ei gartref yng Nglandenys pan ffoniodd gohebydd o'r *Western Mail*. Roedd Cayo wedi bygwth ffrwydro Pont Hafren, ond roedd y gohebydd wedi cysylltu â'r cwmni peirianyddol a oedd yn gyfrifol am adeiladu'r bont, ac wedi cael ei hysbysu y byddai angen bom atomig i'w symud. Daeth ateb Cayo fel ergyd o wn:

'Mae ganddon ni un. A mae ganddon ni beilot o'r enw Griffiths sy'n fodlon ei gollwng.'

Wnaeth hyd yn oed newyddiadurwr hygoelus y *Western Mail* ddim llyncu honna.

Deuthum i'w adnabod mor dda fel y treuliwn aml i noson yn cysgu yng Nglandenys. Un noson, bûm yn ddigon ffôl, ac yn ddigon meddw, i ganiatáu iddo lunio tatŵ ar siâp Draig ar fy mraich dde. Doedd ganddo ddim o'r offer priodol. Felly, gyda nodwydd ddur a chyflenwad o inc glas fe aeth ati i lunio siâp y Ddraig ar fy mraich. Yn anffodus, roedd Cayo mor feddw â minnau gyda'r canlyniad i'r Ddraig ymddangos yn debycach i bwdl hedegog. Ond gallaf eich sicrhau fod cannoedd o bigiadau blaen nodwydd yn ddull di-ail i adfer sobrwydd. Bron nad oeddwn i'n cnoi coes y bwrdd wrth geisio lleddfu'r boen.

Doedd byth wybod be wnâi Cayo nesaf, ac fe allai, yn anfwriadol, godi ofn marwol ar rywun. Galwodd yn y tŷ un noson ar ei ffordd adre gan roi parsel yn fy nwylo. Rhyw bresant bach am fod yn ffrind. Wedi iddo adael, agorais y pecyn; ynddo roedd gwn llaw – .38 *Smith and Wesson* a dwsin o rownds. Bu bron i mi lewygu.

Meddai ar ddawn y Cyfarwydd. Doedd neb yng Nghymru a fedrai adrodd stori fel y gwnâi Cayo. Fe'i clywais yn darbwyllo Americanes fod y Ddraig Goch wedi byw'n naturiol yng Nghymru am ganrifoedd. Ei hen ewythr ym Mhenuwch oedd perchennog y Ddraig olaf yng Nghymru, meddai. Ond un noson, fe anghofiodd ei ewythr osod y peg pren yn stapal drws y sied ac fe dorrodd y ddraig yn rhydd a lladd dwsin o ddefaid ar y mynydd, ac felly bu'n rhaid ei saethu. Ond erbyn hyn, meddai, roedd gobaith newydd gan fod y Tsineaid wedi croesfridio Draig Aur â chobyn Cymreig, a chyn hir byddai gan Gymru ei Dreigiau Coch ei hun unwaith eto. Fe lyncodd y fenyw'r stori'n llwyr.

Euthum unwaith yn ei gwmni i gyfarfod yng nghyffiniau Caernarfon. Wyddwn i ddim beth oedd bwriad yr achlysur, ond o gyrraedd pen y lôn a arweiniai at y tyddyn lle'r oedd y cyfarfod i ddigwydd, dyma ddyn mewn lifrai gwyrdd ac yn dal dryll yn camu allan ac yn ein hatal. Agorodd Cayo ffenest y car a dyma'r dyn yn gofyn yn gryptig, 'Ym mhle y mae pen Llywelyn y Llyw Olaf?' Cafwyd ateb ffwndrus a bloesg o'r cefn gan Peter Goginan: 'Wel, dyw e ddim gen i.' Mae'n debyg mai'r ateb cywir er mwyn cael pasio oedd, 'Llywelyn, gorffwys mewn hedd'. Beth bynnag, caniatawyd i ni fynd heibio.

O gyrraedd y tyddyn, dyma ganfod mai pwrpas y cyfarfod oedd rhoi prawf ar fom newydd a oedd i'n rhyddhau ni o'n cadwynau Seisnig. Disgrifiwyd dyfeisiwr y bom fel 'Barnes Wallis Cymru'. Roedd y bom wedi'i llunio o focs tabledi *Horlicks* a gorweddai ar hambwrdd a hysbysebai *Mann's Brown Ale*.

Chysgais i fawr ddim drwy'r nos, er bod Goginan, fel

Caplan Byddin Rhyddid Cymru erbyn hyn, wedi'n rhyddhau drwy bregeth ar thema Moses yn arwain ei bobl tua Gwlad yr Addewid – pregeth a orffennodd gyda huodledd wrth i Goginan ddynwared Moses yn llawenhau wrth weld y Môr Coch yn cau am Ffaro a'i filwyr. Y frawddeg fawr olaf oedd: 'Twll dy din di, Ffaro!'

Y bore wedyn gosodwyd y bom led cae oddi wrthym mewn wal gerrig. Wrth i ni weld y mwg yn dilyn y ffiws ac yn cyffwrdd â'r bom, cuddiasom ein clustiau â'n dwylo mewn disgwyliad am ffrwydriad enfawr. Ond na. Clywsom ryw sŵn bach isel fel sŵn dafad yn taro rhech. Cododd cwmwl o fwg, ond ni symudodd gymaint ag un garreg.

Sylw Cayo oedd: 'A, wel bois, gwell lwc y tro nesa. Beth am i ni fynd i Gaernarfon am beint?'

Wrth gwrs, roedd hi'n gyfnod cyffrous yng Nghymru gyda MAC, Mudiad Amddiffyn Cymru, yn ffrwydro bomiau'n wythnosol, bron. Honnai Cayo gysylltiad â MAC, ond yr hyn a wnâi'r FWA, yn anfwriadol, oedd dwyn y sylw oddi ar y bomwyr go iawn.

Ar ei orau, doedd neb yn fwy difyr na Cayo, ond medrai fod yn ddyn caled hefyd. Gwelais ef unwaith yn dial ar un o'i elynion drwy ei daro ar draws ei ben â bar haearn; ac mewn tafarn yng nghyffiniau Llanwrda unwaith, yn dilyn ffrwgwd, gafaelodd mewn un Sais anffodus, ei gario i'r gegin a dal tin ei drowsus ar blât eiriasboeth yr *Aga*. A dyna greu ystyr tra gwahanol i'r gair 'tinboeth'.

Yn anffodus, fe ddisgynnodd Cayo yn aberth i'w gyhoeddusrwydd ei hun. Ar ddiwrnod Arwisgo'r Tywysog Charles yn 1969, yn dilyn achos a barodd am 53 o ddyddiau, dedfrydwyd ef a phump o'i gymrodyr i wahanol gyfnodau o garchar. Dedfryd Cayo oedd pymtheng mis.

Roeddwn i yn y llys y prynhawn hwnnw ac ni anghofiaf fyth mo'r olwg ar ei wyneb wrth iddo gael ei arwain i lawr y grisiau ar y ffordd i dreulio'i ddedfryd. Edrychai fel ci wedi'i chwipio. Talodd yn ddrud am ei weithredoedd. Yn ogystal â threulio ymron i flwyddyn o'i ddedfryd mewn carchar, chwalodd ei briodas.

Bu Cayo'n gyff gwawd gan rai, llawer o'r rheiny'n honni bod yn genedlaetholwyr. Fe'i hystyrid yn ffŵl, ond, fel y dywedwyd am Gymro arall flynyddoedd yn gynharach, bu'n ffŵl er mwyn Cymru. Roedd bwriadau Cayo'n gwbl onest a chlir. Bu'n naïf, do. Ond bu'n onest. Roedd e'n wladgarwr pybyr a geisiodd, yn ei ffordd ei hun, daro ergyd dros Gymru, ac roedd ganddo gefnogaeth boblogaidd mewn pentrefi a threfi ledled Cymru. Bob tro yr âi'r si ar led fod Cayo mewn tafarn arbennig, fe lanwai'r lle o fewn hanner awr.

Cawsom enghraifft dda o hyn un noson mewn dawns yn Llanrhystud. Ar y wal crogai baner Jac yr Undeb. Awgrymodd Cayo y dylid ei thynnu i lawr a'i llosgi. Ni fu prinder gwirfoddolwyr i gyflawni'r weithred. Cafwyd cefnogaeth y neuadd gyfan, gan gynnwys y plismon lleol.

Roedd ganddo gefnogaeth ymhlith pobl amlwg hefyd. Derbyniodd lythyrau o gefnogaeth oddi wrth Saunders Lewis, a bûm yn ei gwmni yng Ngarthewin unwaith lle'r oedd ganddo gefnogwr brwd yn R.O.F. Wynne. Derbyniasom groeso tywysogaidd yno, a threuliasom y nos yn y plas.

Wedi i'r gyfrol hon fynd i brint cefais ôl-nodyn diddorol am Cayo gan academydd amlwg o Gymru sydd hefyd yn arbenigwr ar gobiau Cymreig. Rai blynyddoedd yn ôl bellach fe'i danfonwyd allan i Libya i ddewis myfyrwyr ar gyfer y coleg lle darlithiai. O'r cychwyn bu awdurdodau'r wlad yn lletchwith. Cymerwyd ei basport oddi arno a'i rybuddio y câi ei gadw yno dros amser penodedig ei ymweliad.

Wrth iddo ymresymu â rhai o swyddogion y llywodraeth ceisiodd esbonio nad Prydeiniwr ydoedd ond Cymro. O glywed hyn gofynnodd un o'r swyddogion iddo a oedd e'n adnabod Cayo Evans. Atebodd yr academydd yn gadarnhaol gan ddweud eu bod nhw, drwy fyd y ceffylau, yn ffrindiau mawr. Ar unwaith cafodd yr academydd ei basport yn ôl. Ar ben hynny cafodd un o geir swyddogol ac un o yrwyr personol y

Cyrnol Gadaffi at ei wasanaeth am weddill ei arhosiad.

Mae honna'n stori berffaith wir.

Doedd bod yn gyfeillgar â Cayo ddim heb ei beryglon. Ganol y chwedegau daeth rhai dwsinau o Wyddelod i letya yn y Bont fel rhan o gynllun dŵr Llynnoedd Teifi – cynllun ar gyfer darparu cyflenwad digonol i drigolion Ceredigion. Yn naturiol, roedd yna nifer o Weriniaethwyr ymhlith y Gwyddelod – rhai oedd yn cydymdeimlo ag amcanion Byddin Rhyddid Cymru. Deuthum yn ffrindiau mawr â nifer ohonynt, ac un nos Wener yn y *Llew Coch*, a minnau ar fy ffordd i'r ddawns wythnosol yn neuadd y pentre, dyma un o'r Gwyddelod hyn, Eddie – ni wn hyd y dydd heddiw beth oedd ei gyfenw – yn estyn bag papur i mi. Rhodd, meddai, tuag at yr achos. Gadewais y bag a'i gynnwys ar y bar nes i mi orffen fy mheint. Ac yna, o fynd allan i'r stryd, dyma fi'n agor y bag. Beth oedd ynddo ond tua throedfedd o *gellignite* a theirllath o ffiws. Bu bron i mi lewygu. Nôl â mi i'r *Llew* a gofyn i ffrind fy ngyrru lawr i Silian lle trosglwyddais y cyfan i Cayo. Wnes i ddim anadlu'n rhydd nes i mi gyrraedd nôl yn y ddawns. Wn i ddim beth wnaeth Cayo â'r ffrwydryn. Doeddwn i ddim am wybod bryd hynny, a dydw' i ddim am wybod nawr.

Yn dilyn ei ryddhau o garchar, roedd Cayo'n dal yn gwbl ddiedifar. Ailgydiodd mewn bridio ceffylau, chwarae alawon ar ei acordion ac adrodd storïau.

Wythnos union cyn ei farw roeddwn i adre yn y tŷ pan dderbyniais alwad ffôn. Cayo ydoedd yn galw o'r Cŵps ar draws y ffordd. Roedd e yn ei lawn hwyliau wrth ddwyn y dyddiau gynt i gof. Cerddodd hen gyfaill i mewn, a dyma Cayo'n ei gyfarch yn gynnes:

'Diawl, Islwyn, y tro diwetha weles i di, rodd Duw yn gwisgo trowsus byr!'

Wnes i ddim breuddwydio mai hwn fyddai'r tro olaf i mi ei weld. Bu farw'n sydyn yn ei wely yn 57 mlwydd oed o nam ar y galon.

Fe'i cofiaf fel dyn lliwgar mewn byd sy'n cyflym droi'n

unffurf a llwyd. Fe'i cofiaf hefyd fel marchog ceffylau medrus, fel storïwr di-ail, fel tad da i'w blant, Dalis a Rhodri ac fel cyfaill cywir, cynnes a difyr. Mae'n un sydd wedi gadael o'i ôl rhyw wacter na all atgofion ddod yn agos at ei lenwi.

Credaf mai'r arwydd sicraf o barch i bobol yw'r nifer o gymdogion a ddaw i'w hangladd, a'u hymddygiad yn yr angladd hwnnw. Daeth cymdogion yr ardal gyfan i angladd Cayo, a gwelais nifer ohonynt yn wylo'n agored.

Ond gwên a ddaw i'r cof wrth feddwl amdano – a gwên a ddaeth i'm gwedd wrth i'w arch gael ei ollwng i'r gro. Do, fe chwaraeodd Cayo ei dric olaf ar yr awdurdodau o'i arch.

Ymhlith y cannoedd o alarwyr yn ei angladd ar lan afon Tawela yn Silian roedd aelodau o'r Heddlu Cudd. Aethai rhai o gyfeillion Cayo ati yn ystod y dyddiau wedi'i farwolaeth yn fwriadol i hau'r wybodaeth y byddai gosgordd o filwyr parafilwrol yn tanio ergydion dros yr arch ar ddydd yr angladd.

Doedd yr heddlu cudd ddim yn rhyw guddiedig iawn. Yn wir, safent allan mor glir â brain mewn eira. Daeth yr adeg i ollwng yr arch i'r pridd a gwelwyd un galarwr yn closio tuag at y bedd yn cario bocs. Gwthiodd yr heddlu cudd yn nes ac yn nes ac roedd yna gryn drydan yn yr awyr. Agorodd y dyn amheus y bocs a thynnodd rywbeth allan. Nid gwn, ond acordion. Ac yno, wrth i'r arch ddisgyn yn araf i'r gro, chwaraeodd nodau bywiog *Dawns y Gwcw*, hoff dôn Cayo.

A'r prynhawn hwnnw fe glywais gwcw gynta'r tymor yn canu ei deunod mewn llwyn ar un o gaeau Glandenys. Bob Gwanwyn fe ddaw hi'n ôl i fywhau a bywiocáu cloddiau gwyrddion y fro. Ond ddaw Cayo ddim.

# Dyn y Mwnci

Dai Rogers oedd dyfeisiwr ein hardal ni – rhyw gyfuniad o Syr Clive Sinclair a Heath Robinson a fyddai'n medru ennill ffortiwn heddiw fel crëwr effeithiau arbennig ar gyfer ffilmiau Stephen Spielberg. Yn wir, buasai wedi bod yn gymorth mawr i H.G. Wells wrth i hwnnw ddyfeisio'i Beiriant Amser enwog.

Angen yw mam pob dyfais, meddai'r hen ddywediad. Ac roedd hynny'n wir yn hanes Dai. Byddai'n fodlon rhoi cynnig ar unrhyw fenter, a chadwai bob math o geriach yn sied yr ardd o flaen ei gartref, yr uchaf o ddau fwthyn Talwrn Bont.

Adeg y Rhyfel, pan oedd cetris yn bethau prin, byddai galw mawr am wasanaeth Dai. Medrai ailgylchu hen getris drwy aillenwi'r cregyn gwag gyda'r mesurau priodol o bowdwr a phlwm ac ailosod caps yn eu coleri pres. Ond weithiau fe âi ei elfen ddrygionus i chwarae triciau yn drech nag ef. Unwaith, wrth baratoi llond bocs o getris i Dai Jones, neu Dai Cobler, fe osododd ddwbwl y mesur arferol o bowdwr mewn un getrisen. Y canlyniad fu i Dai, wrth ddefnyddio'r getrisen ar gyfer saethu cwningen ar odre Pen y Bannau gael ei hyrddio yn ôl a'i din dros ei ben gan adlam y gwn.

Bryd arall, roedd Jeno, gwraig Dai, yn hepian o flaen tân y gegin, ei thraed i fyny ar y ffender. Yn slei bach, tynnodd Dai ddwy gapsen o'i boced a'u taflu ar y tân. Fe ffrwydrodd rheiny gan chwythu'r grât a Jeno i ganol llawr y gegin.

Yn ogystal fe ddyfeisiodd Dai beiriant cynhyrchu trydan ar ffurf deinamo bychan gyda phedal, fel pedal beic, i'w droi. Hynny yw, wrth droi'r pedal â llaw fe wnâi'r peiriant gynhyrchu trydan yn ôl cyflymdra'r pedal. I fyny'r ffordd trigai Tom Evans, Wellington House, Cofrestrydd y fro. Fe wfftiai Tom allu Dai fel castiwr a theimlai'n hyderus na châi ef fyth 'mo'i ddal. Daeth ei frol i glustiau Dai. Un dydd, fe ddanfonodd rai o blant y pentref i hysbysu Tom ei fod am iddo alw ar fater pwysig, ac fe alwodd Tom. Cnociodd ar y drws ffrynt a gafael ym mwlyn y drws. Yn sydyn fe'i trawyd gan bangau o boenau. Yno y crynai ac y neidiai fel rhywbeth wedi'i feddiannu. Roedd Dai wedi weiro bwlyn pres drws y ffrynt i'r peiriant trydan. Ac ar gyfer ymweliad Tom, dyna lle'r oedd yn y pasej yn troi'r pedal gyda'i holl nerth.

Yn y pentref fe drigai cymeriad ecsentrig iawn, Defis Pengarreg. Chwifiai Defis ymbrelo bob amser a gwaeddai rhyw ymadroddion rhyfedd fel *'Excelsior'!* Un diwrnod fe ddioddefai'r hen Defis o'r ddannodd ac roedd wedi darllen yn rhywle mai'r feddyginiaeth orau i'r aflwydd oedd pwl sydyn o gerrynt trydan. Gwyddai am beiriant Dai, a bu'n ddigon ffôl i ofyn am gael defnydd o'r ddyfais. Gosododd Dai ben noeth gwifren yn y twll yn nant Defis a chysylltodd y pen arall i'r peiriant. Dechreuodd Dai droi'r pedal yn araf. Cwynodd Defis. Doedd y pŵer ddim yn ddigon cryf. Cyflymodd Dai. Ond na, dim ond cosi'r dant wnâi'r trydan, yn ôl Defis. Pallodd amynedd Dai a throdd y peiriant â holl nerth bôn braich. Llifodd y cerrynt i ddant yr hen Ddefis gyda'r fath rym fel iddo bron iawn neidio o'i sgidiau. A dyna'r tro olaf i Defis ofyn am gymorth peiriant trydan Dai.

Arbrofai Dai ym maes radio hefyd, gydag erialau'n crogi driphlith-draphlith rhwng coed yr ardd a'r tŷ. Mae'n siŵr y câi Jeno, ei wraig hi'n anodd i wahaniaethu rhwng yr erialau a'r lein ddillad. Adeiladodd ffwrn arbennig ar gyfer cynhyrchu platiau addurniadol wedi'u mowldio. Byddai byth a hefyd yn dyfeisio rhywbeth defnyddiol ar gyfer ei gar, hen *Austin 7*, a doedd perchen ar gar ddim yn ddigon i Dai – roedd yn rhaid i'r car gael enw. Fe'i bedyddiodd yn Liwsi.

Cadwodd Dai lwynog dof am gyfnod, cadwai adar o bob

math, ac ymhell cyn bod sôn am ieir batri, fe adeiladodd Dai gewyll i'w ieir mewn cragen hen fen yn yr ardd gan osod olwynion beic dros bob cawell i gadw'r ieir i mewn. Ie, dyfeisgarwch.

Wnaeth neb rhyw synnu llawer, felly, pan brynodd Dai fwnci. Os oedd unrhyw un o drigolion y Bont yn debyg o brynu mwnci, Dai fyddai hwnnw – roedd ganddo ryw atynfa at yr egsotig. Fe'i cofiaf mewn carnifal lleol yn tynnu trelar y tu ôl i'w gar a'r trelar hwnnw wedi'i droi yn sŵ fechan yn llawn o adar a chreaduriaid annisgwyl. Gymaint oedd ei ddiléit yn y pethau hyn fel i Isaac y Gof ei fedyddio'n Dai Rajah.

Beth bynnag, fe brynodd Dai fwnci a'i fedyddio yn Jimmy. Chwaraeai'r hen fwnci ar do sinc y sied yn yr ardd wrth ymyl y ffordd fawr, a byddai'n atyniad mawr – yn arbennig i blant ar eu ffordd i'r ysgol. Taflent gnau a losin iddo a chydnabyddai'r hen fwnci'r rhoddion drwy fynd drwy'i gampau acrobataidd.

Ond clafychodd yr hen fwnci. Ac achos y salwch, yn ôl y milfeddyg, oedd rhyw aflwydd ar flaen ei gynffon. Mewn geiriau lleygwr, roedd blaen cynffon Jimmy yn pydru, ac roedd yn rhaid torri'r darn gwenwynig i ffwrdd.

Un peth oedd dal y mwnci i lawr. Llwyddai Jeno, gwraig Dai, i wneud hynny'n hawdd. Y broblem oedd fod Jimmy'n gwrthod cadw'n llonydd. Chwifiai ei gynffon o gwmpas fel chwip, ond daeth dyfeisgarwch Dai i'r amlwg. Mesurodd gynffon Jimmy. Yna torrodd biben ddŵr i hyd a oedd dair modfedd yn fyrrach na'r gynffon. Yna, gyda Jeno'n dal i dawelu'r mwnci, gwthiodd Dai'r biben dros y gynffon gan adael ond ei blaen yn y golwg. Gorchwyl hawdd wedyn fu torri dwy fodfedd i ffwrdd o flaen y gynffon. A do, fe wellodd Jimmy.

Yn anffodus, ni fodlonodd ffawd ar ymestyn ei fywyd lawer yn hwy. Un dydd, fe wnaeth un o'r plant lleol, yn hytrach na thaflu cneuen neu loshin at Jimmy, daflu carreg. Trawodd y garreg yr hen greadur yn ei lygad, ac yn ei boen, torrodd yn rhydd gan ymosod ar ei ymosodwr a'i gnoi yn ei goes. Llygad am lygad. Rhaid fod Jimmy'n hyddysg yn nulliau'r Hen Destament o ddial.

Ond am iddo gnoi plentyn, seliwyd tynged yr hen fwnci. Gorchmynnwyd y dylid ei ddienyddio, a Dai ei hun â'i saethodd. Yn ôl y gyfraith, roedd yn rhaid gwaredu ei gorff mewn ffordd ddiogel a phenderfynwyd ei daflu i grombil hen bwll gwaith mwyn plwm Cwm Mawr. I sicrhau fod y gorchymyn yn cael ei weinyddu'n gywir yn llygaid y gyfraith ac yn ôl llythyren y ddeddf, aeth y plismon lleol gyda Dai fel tyst. Wrth ddychwelyd cwrddasant â Meurig, un o yrwyr bysus Wil Lloyd.

'Wel, wel,' meddai'r plismon yn gellweirus wrtho, 'ddes ti ddim i'r angladd 'te?'

'Naddo,' atebodd Meurig. 'Dim ond y teulu agosaf oedd yn cael mynd.'

Cyd-ddigwyddodd dydd tranc Jimmy â'r eisteddfod leol, Eisteddfod Catherine James, a gynhelid yng Nghapel Rhydfendigaid, addoldy a ffiniai â gardd Dai Rogers. Y beirniad llên ac adrodd oedd Llwyd o'r Bryn, ac fe gyfansoddodd englyn coffa i Jimmy. Yn anffodus aeth yr englyn, fel y mwnci, i ddifancoll.

Llipryn main fel chwip oedd Dai Rogers. Gwisgai gap stabal, a hwnnw'n slic o saim ac olew peiriannau. Hongiai stwmpyn Wdbein o'i wefusau'n barhaol. Fedra' i ddim cofio i mi erioed weld sigarét gyfan yn ei geg.

Am gyfnod fe fu Dai yn gyrru tractorau i'r *War Ag*, mudiad a sefydlwyd i adfer tir amaethyddol wedi'r Rhyfel. Ei gydweithiwr oedd Sam Davies, neu Sam Rock Villa. Byddai'n amhosib meddwl am ddau mwy gwahanol o ran pryd a gwedd – Dai yn dal ac yn denau tra oedd Sam yn fyr ac yn grwn. Wyneb crwn, bol crwn. Edrychai fel y ddelw glasurol honno o'r Bwda. Ochr yn ochr â'i gilydd ymddangosai Dai a Sam fel Laurel a Hardy.

Doedd stumog Dai ddim ymhlith y rhai cryfaf, a gwyddai Sam hynny o'r gorau. Un dydd, yn iard y *Llew Coch*, lle'r oedd canolfan y *War Ag,* roedd Dai wrthi'n paratoi i fwyta'i frechdanau cinio. Felly hefyd Sam. Gan Sam roedd brechdanau jam. Gan Dai roedd cynnwys mwy blasus, sef corn bîff.

Wrth i Dai baratoi i fwyta, dyma Sam yn codi sgwrs.

'Wyddost ti, Dai, y tro diwetha wnes i fyta corn bîff, fe ges i brofiad diflas.'

'Do fe?'

'Do, achan. Fe deimles i ryw dalpyn caled rhwng 'y nannedd, a phan dynnais i fe mas, wyddost ti beth odd e?'

'Dim syniad.'

'Bys colier.'

Gwelwodd Dai a gosod ei frechdan yn ôl yn y bocs â llaw grynedig.

'Shwt o' ti'n gwbod ma' bys colier odd e'?'

'O'dd llwch glo o dan yr ewin.'

Rhedodd Dai i chwydu y tu ôl i'r sied, a mwynhaodd Sam y brechdanau corn bîff.

Daeth awr fawr Dai fel dyfeisiwr o ganlyniad i anghenion drama. Roedd ardal y Bont a Ffair Rhos cyn – ac ar ôl y Rhyfel – yn ganolfan fywiog o ran perfformio dramâu. Roedd Tomos y Crydd yn ddramodydd – neu o leiaf yn *credu* ei fod e'n ddramodydd. Byddai gweithdy Tomos, a enwyd ganddo yn Penbanke Stores (sylwch ar y sillafiad crand) yn weithdy barddol a llenyddol yn ogystal â bod yn weithdy crydd. Gweithdy Tomos oedd cartref Beirdd Ffair Rhos, Evan Jenkins, W.J. Gruffydd, Dafydd Jones, Jac Olifer a nifer o rai llai adnabyddus.

Cyfansoddodd Tomos nifer o ddramâu, *Codi'r Corn* yn eu plith sef drama am rywun â'i câi hi'n anodd i waredu corn oedd ar ei droed. Thema aruchel. Yn ogystal â bod yn awdur y dramâu, byddai Tomos hefyd yn eu cynhyrchu ac yn cymryd rhan ynddynt. Y brif ran, wrth gwrs. Cyn pob perfformiad byddai'n ei goluro ei hun â nod coch a ddefnyddiai ffermwyr i farcio cefnau eu defaid. O ganlyniad, ymddangosai Tomos yn debycach i bennaeth llwyth o Indiaid Cochion o Fryniau Duon

Dakota nag i actor o grydd o lethrau moel Ffair Rhos.

Ar un adeg, medrai'r ardal ymhyfrydu mewn tri chwmni drama yn cynrychioli'r tri enwad, y Methodistiaid, y Bedyddwyr a'r Eglwyswyr. Yn fy nghyfnod i roedd gan y pentref ei gwmni drama ei hun. Byddem, fel aelodau o gangen Ffermwyr Ifainc y Bont ac Aelwyd yr Urdd Ystrad Fflur hefyd yn cystadlu'n flynyddol, a hynny gyda chryn lwyddiant, diolch i ymdrechion Charles a Mari Arch.

Cofiaf un cyfnod, ar ddechrau'r pumdegau, pan arferai cwmni drama o Ganolbarth Lloegr, y *Midland Company*, dreulio pythefnos bob blwyddyn yn y pentre yn perfformio drama wahanol bob nos, a'r rheiny'n ddramâu clasurol yn amrywio o *The Winslow Boy* i *A Streetcar Named Desire*. Yno, yn hen Neuadd yr Eglwys, llwyfannid addasiadau o nofelau fel *Wuthering Heights* ac *Uncle Tom's Cabin* a dramâu propaganda Prydeinig fel *Nurse Cavell*. Cofiaf golli dagrau fel y glaw wrth wylio *The Hasty Heart*. Ond ar ddiwedd pob perfformiad fe wnâi Jimmy James berfformio sgets ddoniol fel bod pawb yn mynd adre'n hapus.

Un teulu oedd yn sail i'r cwmni, Jimmy James a'i wraig, eu plant nhw, Celia, Dot ac Albert ynghyd â gŵr Celia, John Gordon. Gyda nhw un tymor fe ddaeth actor ifanc o Ganada. Ei enw oedd Ray Cooney, brenin dramâu ffârs y *Whitehall Theatre* yn ddiweddarach. A thra yn ymddangos yn y Bont fe wnaeth, os cofiaf yn iawn, chwarae pêl-droed dros y tîm lleol.

Ond y ddrama a osododd her i Dai oedd *Cyfrinach y Gors Goch*, melodrama gan W.J. Gruffydd, un o feibion Ffair Rhos a ddaeth wedyn yn Brifardd dwbwl ac yn Archdderwydd. Dim ond un ar bymtheg oed oedd e pan gyfansoddodd ei ddrama.

Fel pob melodrama dda roedd ynddi lofruddiaeth, carwriaeth, hiwmor, ymfudo ac elfen oruwchnaturiol ar ffurf golau corff. Mae'n bosib nad oedd W.J. wedi meddwl am anghenion technegol pan aeth ati i gynnwys y gannwyll gorff fel rhan o'r ddrama. Beth bynnag, at Dai yr aethpwyd am ateb i'r broblem.

Llwyddodd Dai i oresgyn yr her y tu hwnt i bob disgwyl. Gosododd wifren ar draws tu blaen y llwyfan oedd wedi'i chysylltu â batri. O'r brif wifren crogai gwifren fer, tua throedfedd o hyd, yn rhedeg ar ddolen rydd. Ar y pen arall roedd bwlb. Y syniad wedyn oedd tynnu'r wifren fach ar hyd y wifren hir ar draws y llwyfan â chortyn.

Syml. Ond na. Roedd y wifren hir wedi'i hinsiwleiddio. Felly, o dan amodau arferol, wnâi'r bwlb ddim goleuo. Petai hi'n wifren noeth ar y llaw arall, fe fyddai'r bwlb yn goleuo gydol yr amser, wrth gwrs, ond roedd angen effaith cannwyll gorff – golau a fyddai'n crynu wrth gynnau a diffodd am yn ail. Felly, dyma Dai yn peintio'r wifren bob tua chwe modfedd. Bob tro y trawai'r wifren fach fannau wedi'u peintio ar y wifren hir, fe ddiffoddai'r bwlb. Yna, o gyffwrdd y mannau nad oedd wedi'u hinsiwleiddio, fe oleuai. Gyda goleuadau'r llwyfan wedi'u diffodd a chorff y neuadd mewn llwydolau, dawnsiai golau'r gannwyll gorff yn araf a chrynedig ar draws y llwyfan.

Actorion lleol a gymerai ran – Tomos y Crydd, wrth gwrs, Jack Jenkins, Shanco a Jim Tŷ'n Fron, Dic Glannant, Martha Jones a Ianto Glangors – a'n hoff gymeriad ni'r plant, Jim Glangors yn chwarae rhan Twm Twp. Yn gydymaith i Jim ar y llwyfan roedd ci defaid, Scott, gast Glannant. Chwaraeai ei ran i berffeithrwydd.

Daeth terfyn ar daith y ddrama gyda dyfodiad y Rhyfel. Pan gyrhaeddodd Jim adre ar ei ymweliad cyntaf o faes y gad, pwy oedd yn ei ddisgwyl wrth dŷ Jên Olfir ond Scott.

Ailgychwynnodd y ddrama ar ei thaith wedi'r Rhyfel gydag ambell wyneb newydd, Jac Fagwyr Wen, Fon Jones ac eraill. Teithiodd y ddrama mor bell â Neuadd y Brenin yn Aberystwyth a hyd yn oed i Lundain, lle'i perfformiwyd yng nghanolfan y Cymry yn Grays Inn Road. Cafodd drydedd daith yn y pumdegau. A chofiaf i mi, yn fy arddegau cynnar, gael ymddangos ar y llwyfan yn Llanymddyfri fel casglwr gwydrau yn y golygfeydd tafarn. Ond uchafbwynt y ddrama, waeth ym mha gyfnod bynnag y'i perfformiwyd, heb unrhyw amheuaeth oedd cannwyll gorff Dai Rogers.

Mae angen rhywun fel Dai ym mhob ardal – rhywun dyfeisgar, rhywun ots i'r arfer, rhywun sy'n edrych ar fywyd o onglau gwahanol i ni, bobl gyffredin. Mae Dai yn gorwedd ym Mynwent Ystrad Fflur ers blynyddoedd. A Jimmy'n dal i orwedd yn hen siafft Cwm Mawr. Trueni nad oedd Peiriant Amser Wells yn ffaith yn hytrach na ffuglen. Drwy gyfrwng hwnnw gallwn ddod â'r ddau yn ôl. Ond diolch i Dduw, mae gennym oll ein Peiriant Amser ein hunain, y cof.

# Y Prifathro

Pan fu farw D. Lloyd Jenkins, fy hen brifathro yn 1966, fe wnes i ei goffáu'n gynnes yn y papur bro lleol, *Y Barcud*. Am fy nhrafferth cefais gerydd gan Miss Cassie Davies 'am ddweud pethe mor neis am hen *Liberal* rhonc'.

Oedd, roedd Lloyd Jenkins yn '*Liberal* rhonc', ond ni cheisiodd unwaith ddylanwadu'n wleidyddol arnom ni, ei ddisgyblion. Yn ogystal â bod yn Rhyddfrydwr, roedd e hefyd yn athrylith, ac yn ymroddgar a thadol i ni, blant yr ysgol.

O ddyn bach, roedd ganddo lais mawr, a byddai'r llais hwnnw'n atseinio fel taran drwy'r coridorau. Pan âi ar wib drwy'r ysgol, byddai'n fy atgoffa o'r profiad o sefyll ar blatfform gorsaf danddaearol yn Llundain. Yn y pellter mae sŵn trên i'w glywed. Daw'n nes ar ruthr, ac yna, daw i'r golwg. Mae rhywun yn sylweddoli'n sydyn nad yw'n mynd i stopio. Heibio ag ef, â'i sŵn yn byddaru'ch clustiau cyn diflannu ac araf dawelu yn y pellter.

Fel y trên tanddaearol, ei ruo a glywem gyntaf wrth iddo sgrialu ar hyd un o'r ddau goridor hir a nodweddent Ysgol Uwchradd Tregaron. Eiliadau ar ôl i ni glywed y sŵn, ymddangosai rownd rhyw gornel yn gyrru ac yn chwalu disgyblion o'i flaen. Byddai ar gymaint o ruthr fel y byddai ei ŵn academaidd du yn hedfan fel mantell Batman ar ei ôl.

Roedd gan Dai Lloyd, fel y'i galwem, wyneb glân gyda'i lygaid wedi'u fframio gan sbectol solet. Roedd ei wallt lliw arian yn gwneud iddo edrych yn rhan o ddelwedd prifathro profiadol a doeth. Ni safai fawr uwch na phum troedfedd o daldra, ond os yn fyr o gorffolaeth, gwnâi iawn am hynny gyda'i awdurdod. Cariai gansen yn ei law dde, a honno'n gryndod drwyddi. Weithiau, fe chwipiai'r awyr o'i flaen wrth annog ei braidd i frysio tuag at eu corlannau dysg.

Byddai 'praidd' yn air da i'n disgrifio – nid ein haddysgu a wnâi, ond ein bugeilio, ac weithiau, gan fod yn ein plith ambell hwrdd anystywallt, nid chwipio'r awyr yn unig a wnâi.

Ni ddangosai unrhyw ffafriaeth pan ddeuai'n fater o gosbi. Er bod un o'm chwiorydd, Gwen, yn ysgrifenyddes bersonol iddo, ni wnâi hynny fy arbed i rhag dialedd y gansen bambŵ.

Roedd hi'n arferiad gan ddau ohonom yn y Chweched i sleifio nôl i'r cantîn tua dau o'r gloch bob prynhawn i sgwlcan pwdin sbâr. Byddai Mrs Williams, y brif gogyddes, yn gofalu y byddai dau lond plât o reis, cwstard neu'r tragwyddol semolina ar gael i David Morgan Evans a minnau. Byddai'r semolina, wrth gwrs, yn cynnwys llwyaid o jam a syllai arnom o'r fowlen fel llygad coch. Am tua mis, fe wnaem fwyta'r pwdin swyddogol amser cinio yn ogystal â'r pwdin sbâr tua awr yn hwyrach. Ie, dau bwdin y dydd. O'u cymharu â David Morgan Evans a minnau, tri nofis, cyn belled ag oedd bwyta lot o bwdin yn y cwestiwn, oedd Gwen a Mair ac Elin. Ond os yw'r hen ddywediad hwnnw am ormod o bwdin yn tagu ci yn wir, fe arweiniodd hefyd at ganlyniadau poenus i ninnau.

Un prynhawn, i mewn â ni yn ôl ein harfer. Sylwais nad oedd Mrs Williams mor afieithus ag arfer. Pe gwyddwn y rheswm dros ei thawedogrwydd buaswn wedi troi ar fy sawdl a'i heglu hi oddi yno'n ddi-bwdin, ond ymlaen y cerddasom ein dau. Doedd dim arlliw o bwdin ar y bwrdd.

'Ble ma'r pwdin, Mrs Williams?'

Ar hyn dyma lais yn codi o'r tu ôl i'r ffwrn fawr, llais fel taran a lenwai'r gegin.

'Pwdin! Fe gewch chi bwdin, y taclau!'

A daeth allan o'i guddfan, ei wialen yn chwipio ac yn chwibanu drwy'r awyr. Ni fu'n ddigon cywir ei annel i'n hitio bob tro, diolch byth, ond disgynnodd rhai o'r ergydion ar ein cefnau wrth inni ffoi tua'r ysgol, ac yntau'n ein hymlid fel rhyw Ddiafol Tasmania. Fe'n herlidiodd ni'r holl ffordd ar hyd y llwybr, heibio hanner dwsin o stafelloedd dosbarth, a chofiaf weld y disgyblion yn rhuthro at y ffenestri i wylio'r sioe.

I fod yn deg ag ef, y wialen fyddai'r gosb eithaf. Y gosb arferol fyddai gorfod dysgu salm ar y cof, a dibynnai hyd y salm ar ddifrifoldeb y drosedd. Ond o fethu â dysgu'r salm, byddai'r wialen wedyn yn siŵr o ddisgyn.

Bodolai hen gred am y gansen. Credem y byddai tynnu blewyn o'n pen a'i osod ar gledr y llaw cyn i'r gansen ddisgyn yn esmwytho'r boen. Y chwedl honno, hwyrach, sy'n gyfrifol am y ffaith i mi foeli'n gynnar iawn mewn bywyd!

Weithiau fe wnâi benderfynu ar gosb fwy cynnil, fwy seicolegol na gweinyddu'r gansen – fel yr achlysur hwnnw pan ddaliwyd dau o'r bechgyn yn mitshan yr asembli drwy guddio yn y tai bach. Dai Williams, aelod blaenllaw o Adar Tregaron, â'u canfu. Roedd Dai yn athro Saesneg ac Astudiaethau Beiblaidd. Fe'u martsiodd nhw o flaen Lloyd Jenkins, ond mae'n rhaid iddo fod mewn tymer dda y bore hwnnw, oherwydd ni estynnodd am y bambŵ ddialgar. Yn hytrach, safodd rhwng y ddau bechadur â'i freichiau am eu hysgwyddau'n dadol.

'Nawr 'te, bois bach, pam nad oeddech chi yn y gwasanaeth y bore 'ma?'

'Teimlo'n sâl, Mr Jenkins. Stumog dost.'

Cymerodd arno fod yn llawn consýrn.

'Wel, wel, yr hen rai bach. Yn sâl. A dweud y gwir, dy'ch chi ddim yn edrych yn dda o gwbwl. Dangoswch eich tafodau.'

Dyma nhw'n ufuddhau.

'Bois bach, ddim yn sâl y'ch chi, ry'ch chi'n wael. Dewch gyda fi.'

Fe'u harweiniodd i lawr y grisiau o'i stafell i gegin y stafell ddosbarth gwyddor cartref. Aeth â nhw at y cwpwrdd meddygol a thynnu allan botel o bowdwr gweithio a chymysgodd ddwy lwyaid ohono mewn dŵr ar gyfer y naill a'r llall.

98

'Dyna chi, bois bach, lawr ag e'. Fe wnaiff hwn setlo'ch stumogau chi.'

Am weddill y dydd, y cyfan wnaeth David Morgan Evans – ie, ef eto – a Norman Winstanley oedd rhedeg rhwng y dosbarth a'r tai bach gan dorri gwynt gyda phob cam. A hynny er mawr fwynhad i Lloyd Jenkins.

'Dyna ni, bois bach, gan eich bod chi mor hoff o segura yn y toiledau, dyma'i chi reswm da dros fynd yno.'

Bu'r ddau bechadur yn ffodus i beidio â dioddef cosb lymach o lawer.

Credai Lloyd Jenkins yn gryf yn y gwasanaeth boreol. A wiw oedd i neb ei golli. Yr un fyddai ei ffurf bob bore – emyn, darlleniad o'r Beibl, cyhoeddiadau'r dydd a gweddi.

Arwyddair yr ysgol oedd 'Mewn Llafur mae Elw', er i ni ei newid ar lafar i 'Mewn Llafur mae Ysgall'. Cyfansoddodd Lloyd Jenkins emyn i'r ysgol a châi'r emyn ei ganu ar achlysuron arbennig fel diwrnod Eisteddfod yr Ysgol neu Diwrnod Gwobrwyo. Ac yn naturiol, teitl yr emyn yw *Mewn Llafur mae Elw*:

O! Iôr bendigaid rho i ni
Nerth d'Ysbryd Glân i'th foli Di;
Boed union ein bwriadau'n awr
Fel y sancteiddier d'Enw mawr.

Tydi yw rhoddwr pob rhyw ddawn;
Am Dy fendithion llawenhawn:
Yng ngolau'r Gwir, er mwyn y Groes,
Cysegrwn ninnau'n dysg a'n moes.

Cawn weld o hyd mor hardd dy wedd,
A theimlo beunydd rin dy hedd;
Hyd ddyddiau'n hoes, cyhoeddwn ni
Na phalla dy ffyddlondeb Di.

Dduw hollbresennol, rhown ein cân
Yn offrwm gwiw ar d'allor lân;
A boed holl elw'n llafur ni
Yn gymeradwy gennyt Ti.

Swydd weinyddol oedd ei swydd fel prifathro ar y cyfan, ond fe gymerai rai dosbarthiadau. Unwaith yr wythnos fe'n dysgai ni am ddwyawr yn ei stafell ar y cywyddau ar gyfer arholiadau Lefel 'A'. Roedd gofyn i ni drwytho'n hunain mewn dwy awdl, yr Awdlau *Moliant i'r Glöwr* ac i'r *Amaethwr*, y naill gan Tilsli a'r llall gan Geraint Bowen.

Ar lefel emosiynol, teimlwn mai awdl Tilsli oedd yn taro deuddeg, ond diolch i Lloyd Jenkins, deuthum hefyd i werthfawrogi ceinder a thechneg Geraint Bowen fel cynganeddwr. Llwyddodd yn ogystal i agor fy llygaid i gyfoeth llenyddiaeth Gymraeg yn gyffredinol.

Roedd e'n fardd ei hun, wrth gwrs. Enillodd Gadair Llandybïe yn 1944 gyda'i awdl i *Ofn*. Roedd hefyd yn awdur cyfrolau o farddoniaeth.

Cychwynnodd Lloyd Jenkins ei yrfa pan benodwyd ef yn athro dros dro ym mis Medi 1923 ar gyflog o £200 y flwyddyn. Dysgai Saesneg yn bennaf yn ogystal â Chymraeg i'r dosbarthiadau uwch, ac ef oedd yng ngofal tîm hoci'r merched. Penodwyd ef yn brifathro yn 1945 – swydd a ddaliodd am 16 mlynedd.

Roedd ganddo enw am fod yn gynnil gyda'i arian, a hwyrach fod gwir yn hynny. Ond gwybu Lloyd Jenkins beth oedd gwir dlodi pan oedd e'n fachgen yn Llanddewi Brefi, a chlod iddo oedd y ffaith iddo lwyddo i oresgyn hynny i ennill graddau a'u galluogodd i ddod yn brifathro ysgol uwchradd. Er gwaetha'i enw am fod yn gynnil, fe'i gwelwyd fwy nag unwaith yn gwthio cil-dwrn slei i ddisgybl a gollodd dad neu fam. Iddo ef, roeddem oll yn blant iddo.

Weithiau fe wnâi ofyn ffafr. Pan gâi drafferth i gychwyn ei gar – a digwyddai hynny'n aml – fe ofynnai am wirfoddolwyr i wthio'r *Austin Devon* lliw gwyrdd. A châi ddigon o gymorth ar gyfer nerth bôn braich. Y syniad oedd gwthio'r car i ben rhiw'r ysgol fel y gallai redeg i lawr y goriwaered drwy ei bwysau ei hun cyn i'r gyrrwr roi'r cerbyd mewn gêr a chychwyn yr injan. Un dydd fe gafodd Rhidian Lloyd y syniad gwreiddiol o wthio taten i fyny egsôst y car gyda'r canlyniad mai dim ond pesychiadau a ddeuai o'r injan. Golygodd hynny wthiad estynedig i lawr i'r dref i Garej Jos Jenkins. Ond erbyn i Jos archwilio'r car, roedd y daten wedi diflannu.

Wedyn pan fyddai angen help ar Mrs Jenkins i gludo'r bin sbwriel allan i ben y ffordd fawr, fe ddeuai'r alwad unwaith eto am wirfoddolwyr, a byddai o leiaf ddwsin ohonom yn brwydro am y fraint o gario'r bin.

Ni fu neb erioed yn fwy teyrngar i'w ysgol. Roedd gan yr ysgol ei siant arbennig ac fe anogai Lloyd Jenkins ni i ddefnyddio'r siant honno tra'n cefnogi timau chwaraeon yr ysgol. Fe gofiaf yr hen siant hyd heddiw:

Sis-bwn-tra! Sis-bwn-tra!
Caron-a! Caron-a!
Ust nawr! Ust nawr!
Dyma ni! Bant â hi!
Hip-hip! Hwr-ê!

Fe'n trwythodd yn y syniad y dylai enw Ysgol Uwchradd Tregaron gael ei barchu. Cyn belled ag yr oedd ysgolion eraill y sir yn y cwestiwn, ni oedd y chwaer fach. I ddisgyblion Ysgol Ardwyn, Aberystwyth yn arbennig, anwariaid o'r gwyll oeddem ni, blant y wlad. Ar ben hynny, doedd Ardwyn snobyddlyd ddim yn caniatáu pêl-droed. Câi pob prif gamp chwarae teg yn Nhregaron.

Ardwyn, felly, oedd y gelyn ar y cae chwarae. Doedd Tregaron ddim wedi eu curo ar y cae rygbi ers cyn cof, am a wn i, ond daeth ein hawr fawr wrth i ni lwyddo i'w dal i gêm gyfartal o saith pwynt yr un.

Fi oedd y bachwr, ac er mai fi sy'n dweud hynny, cefais gêm ddigon canmoladwy gan ennill yn erbyn bachwr Ardwyn ymhob lein a sgarmes. Cynddeiriogodd hynny brifathro Ardwyn, yr ofnadwy A.D. Lewis, a defnyddiaf yr ansoddair yn ei ystyr llythrennol. Doedd A.D. Lewis ddim yn ddyn i'w wylltio, ond ei wylltio a wnes. Dilynai'r chwarae i fyny ac i lawr y llinell gan weiddi ar fy ngwrthwynebydd byth a hefyd:

'Get that boy. Get him, I say!'

Ie, fi oedd 'that boy'. Cefais lond bol ar hyn ac aeth y demtasiwn yn drech na mi, a phan gafwyd lein tua phum munud o'r diwedd a 'get that boy' yn cael ei ebychu eto, fe wnes droi ato a'i herio.

'Os ydi chi mor ddewr ag y'ch chi'n swnio, pam na cheisiwch chi fy nhaclo i!'

Trodd ei wyneb yn biws. Aeth popeth yn dawel. Edrychai chwaraewyr Ardwyn ar ei gilydd mewn syndod. Doedd neb erioed wedi ateb A.D. Lewis yn ôl o'r blaen.

Fore dydd Llun, ofnwn y gwaethaf. Galwodd Lloyd Jenkins fi ar ddiwedd y gwasanaeth i fynd i'w weld yn ei stafell. Euthum yno i wynebu fy mhenyd, beth bynnag fyddai hwnnw. Dim ond troi yn ei unfan a wnaeth am ysbaid. Yna syllodd i'm llygaid.

'Ebenezer, rwy' wedi derbyn cwyn am eich ymddygiad chi oddi wrth Mr A.D. Lewis.'

Ni ynganais air. Doedd dim angen. Tawelwch eto. Ac yna'i lais yn bywiogi.

'Ond fe ddalioch chi'r cythreuliaid, ond do fe? Gêm gyfartal oedd hi?'

'Ie, Mr Jenkins.'

Gosododd ei law ar fy mhen yn ysgafn a gwenu.

'Da iawn chi. Gwych iawn. Nawr, ewch nôl i'ch dosbarth.'

Ambell i awr ginio fe sleifiai tri ohonom – Emyr Jones, Rhys Lewis a minnau – drwy ffens y cae chwarae i mewn drwy gefn tafarn y Rheilffordd, y *Railway Steps*, am beint slei. A Twm, y tafarnwr, wrth iddo dynnu'r peints yn gofyn:

'Chi ddim yn yr ysgol, odi chi, bois?'

'Nad y'n, Tom', atebem ninnau yn ein blêsyr a'n teis ysgol.

'Dyna fe, ond mae'n rhaid i fi ofyn, chi'n gweld.'

Ddwy flynedd wedi i mi adael yr ysgol fe wnes i alw ym Maesaleg, cartref Lloyd Jenkins, i ofyn am eirda ar gyfer swydd. Roedd e wedi ymddeol erbyn hyn. Wrth i mi adael, gwenodd.

'Ebenezer, rown i'n ymwybodol eich bod chi a Jones a Lewis yn galw weithiau yn y *Railway*.'

Sefais yn stond. Gwenodd eto.

'Wnes i ddim dweud dim byd. Cyn belled ag yr o'wn i yn y cwestiwn, roedd y tri ohonoch chi yn blant da yn yr ysgol, a'ch ymddygiad chi yn yr ysgol oedd yn bwysig i fi.'

A dyna'r tro olaf i mi ei weld.

Do, fe ddwedais i bethau neis am Lloyd Jenkins yn yr erthygl goffa honno yn y papur bro 'slawer dydd, ac mae'n ddrwg gen i, Cassie Davies, er fy mod i'n dal i fod yn edmygydd mawr ohonoch chwithau, fe wnâi barhau i ddweud pethau neis am Lloyd Jenkins tra bydda' i byw.

# Y Boil

' . . . A dyna'i chi'r diwrnod hwnnw pan yfodd eliffant fy mheint,' meddai'r Boil, yn union fel petai'n ailafael mewn llinyn stori a gychwynasai'n gynharach cyn i rywun darfu ar rediad ei sgwrs.

Hwyrach ei *fod* wedi cychwyn adrodd ei stori'n gynharach. Ond doedd e' ddim wedi ei hanelu ataf fi. Hwyrach *fod* rhywun wedi torri ar rediad ei sgwrs, ond nid y fi; doeddwn i erioed wedi gweld y dyn o'r blaen.

'Peidiwch â chwerthin,' meddai.

Doeddwn i ddim yn chwerthin. Roeddwn i'n rhy syfrdan i chwerthin.

'Na, peidiwch â chwerthin. Mae'r stori'n berffaith wir. Mor wir a 'mod i'n sefyll yma yn yr *Old Stand* yn sipian fy mheint.'

Ond nid sipian oedd y Boil – roedd e'n llowcio'i beint, bron iawn yn cnoi drwy'r ewyn gwyn uwchlaw'r hylif du. Ymddangosai ei beint o Ginis fel fersiwn bychan o grys a choler offeiriad plwyf. Aeth yn ei flaen.

'Gan ei bod hi'n amlwg fod ganddoch chi gymaint o ddiddordeb yn yr hyn rwy'n ei ddweud, fe wnâ i adrodd gweddill yr hanes. Yma oeddwn i, yn eistedd yn fy nghadair yn meindio fy musnes fy hun, yn ôl fy arfer, a safai'r eliffant yn union ble'r y'ch chi'n sefyll nawr. Fe syllodd yn syth i'm llygaid, gan estyn ei drwnc tuag at y gwydr yn fy llaw, ac yfodd bob diferyn. Fyddwn i ddim yn poeni fel arfer, ond wnaeth y diawl ddim cymaint â chynnig prynu peint nôl i mi.'

Roeddwn ar fin gofyn cwestiwn. Fe'i hatebodd cyn i mi

orfod ei ofyn.

'Rwy'n gwybod be chi'n feddwl – ry'ch chi'n mynd i ofyn beth oedd eliffant yn ei wneud yn yr *Old Stand* yn yfed fy mheint. Wel, fe ddweda' i wrthoch chi. Roedd Syrcas Fossets yn y dre a dyma'r Orymdaith Fawr yn pasio heibio – clowns, acrobats, pobol y weiren uchel. Y cyfan. Ond dyma'r eliffant, yn hytrach na'u dilyn lawr y stryd, yn troi'n sydyn i'r chwith ac i mewn ag e' i'r bar. Anelodd yn syth amdana' i. Pam fi, does gen i ddim syniad! Hwyrach am fod gen i ryw berthynas naturiol ag anifeiliaid.'

Hwyrach hefyd, meddwn wrthyf fy hun, am fod y dyn yn gyfarwydd â gweld eliffantod. Rhai pinc. Ond daliais fy nhafod. Llwyddais i ofyn cwestiwn o'r diwedd:

'Ydi'r bar yma ddim braidd yn fach i eliffant?'

'Cwestiwn da. Ry'ch chi'n ddyn sylwgar. Ond roedd y bar yma'n fwy o faint bryd hynny, a beth bynnag, eliffant ifanc oedd e.'

Llowciodd y Boil dair modfedd dda o'i beint cyn anelu pelen o boer rhwng bariau'r grât at y tân mawr. Sychodd ei wefusau â llawes ei gôt fawr frethyn ddu. Gwenodd a dadorchuddiodd res o ddannedd isaf bylchog, melyn. Ymddangosent fel stryd o fythynnod wedi'u condemnio. Dim ond un dant oedd ar ôl yn y rhes uchaf – a hwnnw tua'r canol. Defnyddiol iawn ar gyfer bwyta piclen, meddyliais.

Roeddwn i wedi cyfarfod ag awduron storïau celwydd golau o'r blaen. Fe wnaent daeru iddynt gyfarfod â *leprechaun* neu glywed y *Banshee* yn canu, ond roedd y Boil mewn dosbarth ar ei ben ei hun. Gallai hwn eich perswadio ei fod yn adnabod Brenin y Tylwyth Teg yn bersonol ac iddo unwaith ganu deuawd o'r *Rose of Tralee* gyda'r *Banshee*.

Drwy'r mwrllwch o'i ôl, medrwn weld ar y wal hysbysebion am *Jameson's Pot Still* a *Baby Power* yn hongian ochr yn ochr â *Memorandum for Retail Bottlers of Pure Stout*. Uwch ei ysgwydd chwith hongianai copi wedi'i fframio o Ddatganiad Gwrthryfel y Pasg 1916, ac o'i amgylch luniau o arwyr y methiant gogoneddus hwnnw a roddodd fod i brydferthwch ofnadwy Yeats, pob un wedi'i ddienyddio. Anelodd y Boil belen arall o boer at y tân. Hisiodd y fflamau am eiliad.

'A, wel,' meddai'r Boil, gyda chynildeb ergyd gordd, 'mae hi'n ddiwrnod perffaith i wneud beth bynnag fyddwch chi'n bwriadu ei wneud yma ym Mullingar.'

Wnes i ddim ateb. Aeth i lygad y ffynnon.

'Ydych chi yma ar fusnes neu er mwyn pleser?'

'Pleser, a phleser yn unig.'

Gwenodd wên fach gyfrinachol. Winciodd.

'Pleser, ai e'? Wel, ry'ch chi wedi dod i'r lle gorau posib. Fe gewch chi unrhyw beth yma.'

'Unrhyw beth?'

'Unrhyw beth. Yma mae'r prisiau gorau yn y dre. Cymerwch y Ginis. Mae e ugain ceiniog yn rhatach nag yn unlle arall, ac os wnewch chi ofyn am wisgi gyda chwistrelliad o'r stwff coch, fe fedrwch chi arbed tri swllt.'

'Ydech chi ar gomisiwn yma?'

Syllodd arnaf yn gellweirus, gydag un ael yn uwch na'r llall a'i lygaid yn dawnsio'n chwareus.

'Does gen i ddim syniad at beth y'ch chi'n cyfeirio, ond rwy'n cytuno â chi gant y cant.'

Taflodd gipolwg cynllwyngar dros ei ysgwydd. Closiodd ataf gan sibrwd yn fy nghlust. Gwyntai ei anadl o gymysgedd o dybaco, Ginis a *Fisherman's Friend*.

'Ac os mai rhywbeth arall yw'ch pleser chi, mae digon o hwnnw yma hefyd.'

Pwniodd fi yn fy eis yn awgrymog a wincio unwaith eto. Anelodd ei fawd dros ei ysgwydd at y bar cefn.

'Menywod. Ie, menywod parod, digywilydd a digrefydd. Welwch chi'r grisiau fan acw? Lan fan yna mae nhw. Yn gorffwys. Noson brysur neithiwr. Mae'r grisiau yna yn arwain i'r nefoedd.'

Prysurais i'w sicrhau nad oedd gen i ddiddordeb. Gosododd ei law ar fy ysgwydd a'm gwthio tuag at y cownter.

'Fyddwn i ddim yn awgrymu am funud fod ganddoch chi ddiddordeb mewn menywod parod, digywilydd a digrefydd. Dyn cyfiawn fel chi. Y cyfan ydw i'n ei wneud yw eich rhybuddio.'

Dawnsiodd ei lygaid unwaith eto. Gwyddwn mai cellwair oedd e. Gwyddai yntau o'r gorau fy mod i'n sylweddoli hynny.

'Ry'ch chi'n berffaith iawn i beidio â thrafferthu â'r fath fenywod. Mae'r grisiau yna'n beryglus. Rwy'n dal i ddweud fod angen reilen wrth eu hochr. Ddim er mwyn diogelwch y rhai sy'n mynd fyny, ond er mwyn diogelwch y rhai sy'n dod lawr.'

Chwarddodd yn uchel ar ei jôc ei hun. Cododd beint llawn arall. Sipiadau o Ginis oedd atalnodau ei sgwrs. Un sipiad am bob coma; dau sipiad am bob atalnod llawn.

'Nawr, mae cael un fenyw yn eich bywyd yn medru bod yn ddigon drwg, ond wnaethoch chi lwyddo erioed i wneud dwy fenyw yn hapus ar yr un pryd?'

'Na, does gen i ddim cof o hynny.'

'Wel, fe lwyddais i. A wyddoch chi pwy oedden nhw?'

'Dim syniad.'

'Y fenyw na wnes i ei phriodi. A'i blydi mam.'

Cododd ei wydr a'i wacáu heb ei dynnu oddi ar ei wefusau. Yna hitiodd dop y bar fformeica â gwaelod y gwydr gwag. Sbardunodd ei sŵn fi archebu peint iddo. Gwenodd yn fodlon.

'Ydi chi'n anifail gwleidyddol?'

'Ddim o bell ffordd.'

'Call iawn. Does gen i fawr i'w ddweud wrth wleidyddion, chwaith. Dyna'i chi'r Gorbachop diawl yna. Be mae e'n wneud erbyn hyn? Hysbysebu crisps ar y teledu. Ac am y Bolics Yeltsin yna, i'r diawl ag ef a'i blydi fodca.'

Pecialodd. Tynnodd ddarn pres wyth-onglog o'i boced a'i osod ar y cownter. Roedd marc 30 swllt arno.

'Wyddoch chi beth yw hwn?'

'Tocyn tâl o ryw fath.'

'Fe wyddwn i eich bod chi'n ddyn deallus pan gerddoch chi

i mewn yma. Ond pa fath o docyn?'

'Dim syniad.'

Wel, tocyn bara o'r tridegau, yn ôl rhai. Ond na. Am 30 swllt yr adeg honno fe fedrech chi brynu'r blydi becws cyfan – ac fe fyddai digon o newid sbâr i dalu am ddwsin o fyns a thorth fach.'

Plygodd y Boil a rhwbiodd ei ben-glin.

'Esgusodwch fi'n rhwbio. Ond handicap.'

Disgwyliwn stori am anaf rhyfel. Roeddwn i'n anghywir.

'Fy un uchelgais mewn bywyd oedd bod yn actor. Wnes i hyd yn oed dderbyn gwersi *electrocution* unwaith, ond fe ges i ddamwain a bu'n rhaid gosod plât metel yn fy mhen-glin. Cafodd hyn effaith ddrwg iawn ar weddill fy mywyd. Fedra' i ddim, er enghraifft, pasio iard sgrap – rhag ofn fod yna fagnet cryf yno.'

Pecialodd eto.

'Wyddoch chi 'mod i wedi bod allan yn Affrica?'

Na wyddwn.

'Fe gwrddais i unwaith â llwyth o ganibaliaid, ac fe ges i wahoddiad i ginio. Dyma fab y pennaeth yn cwyno a dweud nad oedd e'n hoffi ei fam-yng-nghyfraith, a dyma'i dad yn dweud, "Popeth yn iawn. Gad hi ar ymyl dy blât a bwyta dy tships".'

Chwarddodd yn uchel a chrynodd drwyddo. Yna ymdawelodd cyn syllu ar y poster o Ddatganiad Gwrthryfel y Pasg.

'Mae'r goreuon i gyd wedi mynd. Wedi marw. Wedi hen farw. Fe wnaeth Nhad ymladd gyda rheina yn y Swyddfa Bost.'

Fe'i disgrifiodd fel y *Genital Post Office*.

'Ond maen nhw'i gyd wedi mynd. Cofiwch, fe ddylwn innau fod wedi hen fynd hefyd.'

Gwthiodd ei wydr gwag yn nes ataf.

'Tra mae'r gwydrau'n llenwi, fe ddweda' i wrthoch chi be ddigwyddodd. Fe wnes i ymladd yn y Rhyfel Cartref yn erbyn y blydi *Staters*. O, do. Bastards bob un.'

Wrth edrych arno, dechreuais gyfri'r blynyddoedd yn fy mhen. Deuthum i'r canlyniad fod y Boil, petai'n dweud y gwir, yn ei nawdegau. Ni ymddangosai flwyddyn yn hŷn na deg a thrigain. Darllenodd fy meddwl.

'Rwy'n gwybod be chi'n feddwl. Rwy'n edrych yn ifanc. Roedd Mam wastod yn dweud fy mod i'n edrych yn ifanc hyd yn oed pan o'wn i'n fabi. Beth bynnag, fe ddaliodd y gelyn fi a'm martsio i'r barics yn Kilbeggan. Dedfrydwyd fi i farwolaeth. Roedd y Bachan Mawr ei hun, Mick Collins yno yn gwylio'r cyfan. A dyma chi, yn gofyn i'ch hunan fan hyn, "Sut mae hwn yn dal yn fyw?".'

'Fe wnaeth y cwestiwn groesi fy meddwl.'

'Fel wnes i ddweud yn gynharach, ry'ch chi'n ddyn deallus. Fe osodwyd y gorchudd du dros fy llygaid a dyma'r crogwr yn mynd ati i dynhau'r cwlwm ar y rhaff. Ond fe wnes i ofyn am fy nymuniad olaf, o dan Hawliau Genefa.

'Gofynnodd Collins beth oedd fy nymuniad. "Dim ond un ffafr fach," atebais. "Fyddech chi gystal â gofyn i'r crogwr osod y rhaff o gwmpas fy nghanol. Chi'n gweld, mae gen i hen foil cas ar fy ngwar".'

'Ai dyna pam mae pawb yn eich galw yn Boil?'

Syllodd yn hurt.

'Diawl, dydi chi ddim mor ddeallus, wedi'r cyfan. Mae nhw'n fy ngalw i yn Boil am fy mod i'n gymaint o blydi boen.'

Yna chwarddodd gan gynhyrchu sŵn fel gweryriad asyn gwallgof. Parodd hyn i'r yfwyr eraill droi i edrych cyn iddynt ysgwyd eu pennau'n drist a throi'n ôl at eu diodydd drachefn.

Llyncais weddillion fy mheint ac ysgydwais law â'r Boil gan ddymuno'n dda iddo. Wrth i mi gyrraedd y drws, clywais ei lais yn fy ngalw.

'Gyda llaw, fy enw i yw Boyle. Jimmy Boyle. Ac wrth i chi gerdded lawr Stryd Dominick, byddwch yn wyliadwrus rhag eliffantod strae. Maen nhw'n blydi niwsens yr adeg yma o'r flwyddyn – yn enwedig pan mae rhywun fel fi yn ceisio yfed ei beint yn dawel wrth feindio'i fusnes ei hun.'

Maen nhw'n dal i siarad am y Boil ym Mullingar.

# Caradog

Unwaith, tra'n fachgen ifanc, byddwn yn casglu llofnodion beirdd a llenorion Cymru yn yr un modd ag y mae llanciau heddiw yn casglu llofnodion sêr pêl-droed. Mae nifer ohonynt yn dal ar glawr, llofnodion Cynan, Mathonwy Hughes, Islwyn Ffowc Elis, J.J. Williams, Harri Gwynn. Ac yn eu plith, Caradog Prichard.

Ym Mhrifwyl Caernarfon 1959 y gwnes i gyfarfod â Charadog am y tro cyntaf. Roedd hi wedi hanner nos a'r cantorion ar y Maes yn morio *I Bob Un sy'n Ffyddlon* wrth draed delw Lloyd George. Yn wir, gellid tyngu mai'r gwleidydd mawr ei hun, yn hytrach na Thawe Griffiths, oedd yn arwain y canu.

Safai Caradog gryn bellter i ffwrdd, wrth ymyl gardd fechan a oedd hefyd yn gylchfan. Dim ond ef oedd yno. Syllai'n fyfyrgar drwy sbectol drom ag iddi ffrâm ddu ar yr ardd fach, ond gan gyfleu'r argraff fod ei feddwl ar bethau dwysach na blodau. Mygai sigarét yn ddiog rhwng dau fys. Sylwais ar y talcen llydan, a'r gwallt arian, trwchus yn disgyn at ei goler. Edrychai'n union fel y dylai bardd edrych.

Wyth mlynedd yn ddiweddarach, a minnau bellach yn ohebydd gyda'r *Cambrian News,* deuthum yn aelod dethol o gorlan y wasg yn Eisteddfod y Bala, ac yno cefais y fraint o rannu desg â Charadog am y tro cyntaf. Yn wir, awn yno'n gynnar bob bore i sicrhau fy sedd wrth ymyl bwrdd y dyn mawr ei hun.

Roedd gen i ddau reswm dros eilunaddoli Caradog. Roedd

y cyntaf ar sail ei allu fel bardd a llenor. Ef, i mi, oedd awdur rhai o'r pryddestau mwyaf iasol i mi eu darllen erioed yn ogystal â bod yn awdur y nofel fwyaf yn yr iaith Gymraeg. Yr ail reswm oedd fod Caradog yn newyddiadurwr go iawn, yn gweithio i un o bapurau Stryd y Fflyd, y *Daily Telegraph*. Ar ben hynny roeddwn i'n ohebydd gyda'r *Cambrian News*, lle torrodd Caradog ei hun ei ddannedd newyddiadurol. Yn wir, roeddwn i wedi etifeddu ei hen swydd.

Fe wnes ei atgoffa o'r stori honno a glywswn gan y golygydd, Doug Wright, am Garadog yn gyrru nôl i'r gogledd ar ei fotobeic gyda bwndel o'r *Cambrian News* ar ei sgil. Y bwriad oedd eu gadael mewn siop bapurau ym Machynlleth. Pan gyrhaeddodd Caradog roedd y sgil yn wag a'r papurau wedi eu gwasgaru'n gawod o dudalennau rhwng Tre'r Ddôl a Derwen Las.

Hon oedd yr Eisteddfod gyntaf o ddeuddeg, fel gohebydd gyda'r *Cambrian News* ac yna'r *Cymro*, i mi gael cwmni Caradog yn stafell y wasg. Gweithiai ef a Mati, ei briod, fel tîm; Caradog yn paratoi ei adroddiadau a Mati wedyn yn trosglwyddo'r hanesion hynny o lawysgrifen Caradog dros y ffôn i dderbynwyr copi'r *Telegraph*. Yno hefyd, wrth gwrs, ac yn gymaint rhan o stafell y wasg â'r un ohonom, byddai Benji'r pwdl.

Pan dorrai stori fawr o dro i dro, wnâi Caradog fyth ruthro. Ef fyddai ein hynafgwr doeth. Weithiau ni chlywid gair o'i enau am awr neu fwy, ar wahân i ambell besychiad drwy fwg ei sigarét. Syllai i fyny at y nenfwd, ond teimlwn fod ei lygaid ar rywbeth llawer pellach i ffwrdd – rhywbeth a oedd y tu hwnt i'n golygon ni. Byddai ei bresenoldeb yn llenwi'r lle, ac ymhell cyn i gywion gohebyddol fel fi ddechrau cofnodi hanes rhyw ddigwyddiad pwysicach na'i gilydd, byddai Caradog wedi hen orffen ac wedi mynd allan am dro.

Pan dorrodd stori'r Gadair yn Aberteifi yn 1976 roedd pawb ohonom yn rhuthro fel ceiliogod wedi colli eu pennau wrth chwilio am y ffeithiau. Roedd Caradog wedi hen gwblhau ei stori cyn i ni gychwyn. Cofiaf sgwrsio ag ef ddiwedd y prynhawn gan awgrymu fod yr hyn a ddigwyddodd i Dic Jones yn gwbl unigryw. Gwenu wnaeth Caradog, ac adroddodd i mi stori nas clywswn gynt nac wedyn.

Cyfeiriodd yn ôl at Eisteddfod Dinbych 1939. Yn ôl Caradog roedd wedi derbyn llythyr yn ei hysbysu ei fod wedi ennill y Goron gyda'i awdl *Terfysgoedd Daear*, ond newidiodd y beirniaid eu meddwl erbyn diwrnod y Coroni ac atal y wobr. Mynnai fod y llythyr a dderbyniodd gan yr ysgrifennydd, Morris Williams, yn ei boced tra gwrandawai ar y feirniadaeth yn y pafiliwn. Clywodd T.H. Parry Williams yn cyhoeddi na fyddai Coroni. Methais â chael cadarnhad gan neb arall i hyn ddigwydd, ond credai Caradog i'r beirniaid newid eu meddwl ar ôl clywed mai ef oedd yn fuddugol.

Daliais ar lawer cyfle i'w holi am ei waith. Cefais aml i berl am *Un Nos Ola Leuad* yn cynnwys ei gyfaddefiad ei bod hi'n fwy o hunangofiant nac o nofel – ffaith a gafodd gryn sylw wedyn. A chefais fewnwelediad i'w obsesiwn am ei fam – elfen sy'n ganolog i'w waith gorau.

Yn Eisteddfod Caerfyrddin 1974 euthum â chopi o *Canu Cynnar* at Caradog i'w lofnodi. Mae'r gyfrol gen i o hyd ac fe'i trysoraf yn fawr. Yn y gyfrol mae'r gerdd *Y Cyfaill Gwell*.

Mi drof yn ôl at Dduw,
Y Duw nas adwaen i,
Ac er mai bod anwybod yw,
Mae'n llawer gwell na thi.

Mae'n llawer gwell na thi,
Lanc a anwylais cyd,
A chaiff y ffydd a chwelaist ti
Eto feddiannu 'myd.

Cei 'ngweled eto'n mynd
Yn ôl a blaen i'r Llan,
A'm cwyn yn drist, fel Crist, fy ffrind,
Dros ddyn a'i natur wan.

Ac O! maddeued Duw
Fy siom fod Ef i mi,
Am mai rhyw fod anwybod yw,
Yn gyfaill gwell na thi.

Cymerais yn ganiataol fod y gerdd hon, fel y pryddestau *Y Briodas* a *Penyd* yn ymwneud â'r obsesiwn am ei fam, yr euogrwydd am iddo ei gadael ar drugaredd y seilam, ac mai hi sy'n llefaru mor chwerw yn y gerdd am ei mab. Cytunodd Caradog â'm damcaniaeth yn llwyr.

Flynyddoedd yn ddiweddarach euthum fyny i Ddinbych i draddodi araith i'r gymdeithas lenyddol leol. Roedd Caradog erbyn hyn wedi marw. Darllenais y gerdd gan amlinellu fy sgwrs â'r bardd flynyddoedd yn gynharach.

Ar ddiwedd y cyfarfod daeth Mathonwy Hughes ataf am sgwrs. Cyfeiriodd yn arbennig at *Y Cyfaill Gwell* gan fy holi ymhellach am gyfaddefiad Caradog. Yna chwarddodd gan ofyn i mi a hoffwn glywed y stori wir. Ac fe'i cefais gan Fathonwy.

Y cefndir, meddai, oedd i Garadog drefnu oed gyda merch arbennig ond i Morris Williams, o ran diawlineb, achub y blaen arno. Siomwyd Caradog yn aruthrol. Cefnodd ar Morris Williams a throdd at yr eglwys gyda'r bwriad o fynd yn offeiriad. Ddarllenwch y gerdd eto ac fe welwch arwyddocâd esboniad Mathonwy.

Nid yn stafell y wasg yn unig y gwnawn gwrdd â Charadog, Deuai cyfle gyda'r nos hefyd, fel yn Eisteddfod y Bala. Yng nghwmni Peter Davies, Goginan fe wnes alw'n hwyr un noson yn y *Llew Gwyn*, lle'r oedd Caradog, Mati a Mari'r ferch yn lletya. Roedd Caradog newydd droi i'w wely ond galwodd Mati arno i ymuno â ni, a dyna a wnaeth, yn ei byjamas a'i sliperi.

Yn dilyn sgwrs ac ambell ddiod mynnodd Mati ein bod ni i gyd yn mynd allan i glywed y canu cynulleidfaol a fuasai'n gymaint rhan o'r Brifwyl dros y blynyddoedd. Ac os cofiaf yn iawn, yn y Bala y daeth yr arferiad i ben. Beth bynnag, allan â ni – Peter fraich ym mraich â Mati, fi yng nghwmni Mari, a Caradog yn dilyn gyda phac-a-mac dros ei byjamas, ac yn arwain y pwdl ar dennyn.

Mae'n amhosib i mi sôn am Garadog heb dalu teyrnged i Mati. Roedd hi'n fenyw hyfryd, yn hynod garedig a chynnes ac yn addoli ei gŵr. Yn Eisteddfod y Fflint yn 1969 roedd ganddi babell ar y maes – Bwtîc Mati Wyn. A phob bore fe gâi Peter Goginan a minnau joch fach slei o wisgi yno gan Mati. Wfft i'r rheol ddi-alcohol!

Yn Abergwaun wedyn, yn Eisteddfod y Mwd, roeddwn i'n gwrando ar y criced ar fy radio fach ym mhabell y wasg, ac fe drodd y sgwrs at y sylwebydd ffraeth hwnnw, Brian Johnston, fy mhrif reswm dros wrando ar sylwebaeth criced ar y radio. Roedd Mati a Charadog yn ffrindiau mawr â 'Johners'. Byddai'r ddau deulu yn gwahodd ei gilydd i ginio bob yn ail ddydd Sul. Mynegais wrth Mati gymaint fy edmygedd o'r dyn.

Cymerodd Mati fy nghyfeiriad ar ddiwedd yr wythnos ond wyddwn i ddim pam. Wythnos yn ddiweddarach derbyniais gerdyn post doniol oddi wrth Brian Johnston ei hun. Ar y clawr roedd cartŵn o fatiwr yn cael ei daro mewn man gwan a'r dyfarnwr yn bloeddio:

*New ball, please!*

Ar gefn y cerdyn fe ysgrifennodd Brian Johnston:

*Many thanks for your kind message to Mattie! She's a great girl and a great friend. I'm so glad you enjoy the cricket. We try to have a bit of fun especially as England are so bad.*

Bu colli Caradog i ni, ohebwyr Eisteddfodol, yn gymaint â'r golled i'r Brifwyl ei hun pan fu farw Cynan, ac fe ddaeth ei farw ym mis Chwefror 1980 ag ugain mlynedd o gyfeillgarwch i ben.

Yng Nghaernarfon yn 1959 y gwnes ei gyfarfod, ac yn Eisteddfod Caernarfon yn 1979 y'i gwelais am y tro olaf. Hoffwn feddwl iddo adael yr hen ddaear hon mor hamddenol ag y gadawodd yr Eisteddfod ar y diwrnod olaf hwnnw i mi ei weld – sigarét rhwng ei fysedd, pac-a-mac dros ei siwt ddu a bag siopa plastig yn ei law.

'Wela' i chi yn Nyffryn Lliw,' meddai.
Wnaeth e ddim.

# Jac Pantyfeðwen

Dydi Pen Bwlch ond megis twmpath pridd y wadd o'i gymharu ag Everest. Mae'r naill, sy'n edrych i lawr ar Gwm Glasffrwd uwchlaw Ystrad Fflur, gryn 27,000 o droedfeddi'n is na mynydd ucha'r byd ac mae yna tua wyth mil o filltiroedd yn gwahanu'r ddau. Ond yn pontio'r bwlch enfawr rhwng y ddau mae Jac Pantyfedwen.

Jac oedd rheolwr adran Coedwig Tywi Fechan o'r Comisiwn Coedwigaeth nôl yn y pumdegau, a'r mynydd uchaf o fewn yr adran honno oedd Pen Bwlch. Ddeugain mlynedd yn ddiweddarach, Caradog Jones, mab Jac, gyflawnodd y gamp o fod y Cymro cyntaf i ddringo mynydd Everest.

Disgybl chweched dosbarth yn Ysgol Uwchradd Tregaron oeddwn i pan gefais waith dros fisoedd dau haf gan y Comisiwn Coedwigaeth – a Jac oedd y bos.

Roedd Jac wedi bod yn aelod o Heddlu Palesteina, ac un o'i orchwylion oedd ceisio atal terfysg gan garfanau Stern a'r Irgun adeg brwydr yr Iddewon dros sefydlu mamwlad Iddewig. Arweinydd yr Irgun ac arch elyn Jac oedd Menachem Begin, a ddaeth wedyn yn brifweinidog Israel. Yn ei hunangofiant, *The Revolt*, diddorol gweld i Begin sefydlu ei ymgyrch ar ddulliau Michael Collins yn Iwerddon.

Roedd Jac yn gwlffyn byr, cydnerth. Boncyff o ddyn. Buasai wedi gwneud ymaflwr codwm llwyddiannus. Roedd ganddo farf drwchus, goch a mabwysiadodd yr enw barddol Barfog Fynyddig. Tynnai'n barhaol ar getyn goesgam, oedd â phowlen oedd yn ddigon mawr i ddal ymron hanner owns o dybaco.

Trigai Jac a'i briod Joan a'r teulu – tair merch ac un mab – ym Mhantyfedwen, hen gartref Syr David James. Yno hefyd oedd pencadlys y Comisiwn Coedwigaeth. A Jac, yn ddi-os, oedd un o ddynion caletaf y fro. Yn dilyn ei hyfforddiant milwrol, roedd e'n hyddysg yn y medrau ymladd corfforol. Hynny yw, ymladd heb arfau. Ond o dan y cadernid corfforol a'r agwedd wynebgaled, cuddiai calon feddal, gynnes, garedig.

Treuliais hafau 1957 a 1958 yn gweithio i'r Comisiwn. Cyflogwyd tua deg ohonom, yn bobl ifainc lleol ac estroniaid o Loegr i weithio gyda'r coedwigwyr go iawn, a byddai modd ennill tua £10 yr wythnos. Dibynnai hynny ar y tywydd, ac ar haelioni Jac. Ar dywydd sych, byddem allan yn torri'r rhedyn a fyddai'n fygythiad i dyfiant coed ifanc, ac fe gaem ein talu fesul pob erw o redyn a dorrem. Ein harfau oedd cryman a ffon fforchog. Pwrpas y ffon fyddai gwthio'r egin coed i'r naill ochr tra byddai'r cryman yn gwneud ei waith.

Weithiau fe dasgai coeden yn ôl a disgyn yn ysbail i'r llafn dur. Disgrifiad Jac o'r fath anfadwaith fyddai *Sheffield Blight*, a hynny am mai dur Sheffield oedd gwneuthuriad y crymanau. Dilynid Jac i bob man gan ei gi Labrador, Carlo. Un diwrnod dyma un o'r Saeson ifainc, a ddaliai Jac mewn parchedig ofn, yn gofyn a oedd Carlo wedi'i hyfforddi i edrych allan am *Sheffield Blight*.

'Of course,' meddai Jac. '*Every time he spots Sheffield Blight, he sits on his bloody arse and howls.*'

Weithiau byddai Jac yn ein gwylio o ben ucha'r cwm o bellter, a phetai'n ein gweld ni'n diogi fe atseiniai ei lais drwy'r dyffryn:

'*Hands off cocks, pull up your socks, let's see some bloody steam!*'

Ar dywydd gwlyb byddai gofyn i ni weithio yn un o'r cytiau ym Mhantyfedwen yn naddu pyst bychain a ddefnyddid i farcio rhesi coed. Yno, Jac fyddai ar ben pob sgwrs. Tynnai'n ddwfn o'i brofiad yn y fyddin a chaem ganddo storïau erchyll am greulonderau'r naill ochr a'r llall yn y frwydr ym Mhalesteina.

Hoffai hefyd ein dysgu i ymladd â phastynau. Un diwrnod ar ucheldir Diffwys uwchlaw Tregaron, aeth ati i ddysgu John Wyn Huws a minnau sut i'n hamddiffyn ein hunain petai rhywun yn ymosod arnom â phastwn. Fe aeth gymaint i ysbryd y wers fel iddo roi bonclust go iawn i mi nes oedd fy mhen yn troi fel chwyrligwgan. Parodd hynny gryn hwyl i John, ond fe ddaeth ei dro yntau. Ychydig cyn toriad te deg, dyma Jac yn gafael ynddo'n sydyn a'i daflu dros ei ysgwydd. Disgynnodd John, druan ar ei fag bwyd, a thorrodd ei ddwy fflasg de yn yfflon. Bu hwnnw'n ddiwrnod sychedig iddo.

Dyddiau da oedd y rhain. Dyddiau dechrau caru. Dyddiau pan oedd Elvis yn frenin. Dyddiau diniwed llencyndod pan oedd gweithio gyda dynion yn gwneud i ninnau deimlo'n ddynion. Dyddiau hirfelyn tesog o smygu baco *Ringers* er mwyn cadw'r gwybed draw. Teithio i'r gwaith a theithio adre yn lori'r Comisiwn, bag tocyn ar ein cefnau, ffag rhwng ein gwefusau. Edrychiadau talog a di-hidio wrth i ni basio merched ifainc y pentre. Penllanw'r wythnos fyddai dawns yn Neuadd yr Eglwys ar nos Wener a ninnau ag arian yn ein pocedi a gobaith yn llenwi'n calonnau.

Gweithiem allan yn yr awyr agored mewn rhai o'r ardaloedd hyfrytaf yng Nghymru, ardaloedd Ystrad Fflur a Chwm Berwyn – cynefinoedd Twm Shon Cati a'r Barcud Coch. Roedd Jac yn ddyn natur ac yn heliwr o'i ben i'w draed. Un dydd fe heriwyd Jac gan rai o'r gweithwyr sefydlog. Fe fetiodd un ohonynt na fedrai Jac saethu cap petai'r cap hwnnw'n cael ei daflu yn uchel i'r awyr. Derbyniodd Jac yr her. Diosgodd ei gap ei hun er mwyn hwyluso'r anel, cap mynd-a-dod newydd sbon, a'i osod ar y ddaear. Yna cododd y dryll ar ei ysgwydd a gwaeddi ar i gap y betiwr gael ei daflu. I fyny aeth y cap, a dyma ergyd. Disgynnodd y cap yn ddarnau. A dyna pryd sylweddolodd Jac mai ei gap newydd ef ei hun a daflwyd i'r awyr. Enillodd y bet, ond fe gollodd ei gap.

Unwaith fe lwyddodd i dwyllo rhai o'r papurau newydd gyda'i hanes am greadur prin iawn a oedd wedi ailymddangos yn yr ardal, y Bogit. Roedd dwy rywogaeth o'r creadur swil a phrin hwn, yn ôl Jac – Bogit y Gors a Bogit y Mynydd, ond dim ond trwy astudio olion eu baw oedd adnabod y gwahaniaeth. Byddai'r naill yn caca yn glocwedd tra'r llall yn caca'n wrthglocwedd.

Aeth un o ffotograffwyr y wasg mor bell â thynnu llun o Fogit wedi'i stwffio. Creadigaeth ffansïol Jac oedd y cyfryw greadur – gwenci wedi'i haddasu drwy ychwanegu cyrn at ei phen.

Y rheswm fod y Bogit yn greadur mor brin, yn ôl Jac, oedd iddo gael ei hela hyd at ddifodiant gan ddyn, a hynny am fod y creadur ffyrnig yn beryg bywyd i gŵn. Cuddiai'r Bogit, mae'n debyg, mewn brwyn neu wellt gan ddisgwyl i gi ddod o fewn cyrraedd. Yna, wrth i'r ci gerdded drosto, fe noethai'r Bogit ei ddannedd a neidio at y ci gan rwygo'i geilliau o'r gwraidd.

Roedd gweithio i Jac yn bleser pur, a rhan o'r mwynhad oedd y gwmnïaeth. Ymhlith y gweithwyr rheolaidd roedd nifer o goedwigwyr lleol, Tom James Jones, Glyn Williams, Wil Jones ac Alf Williams, er enghraifft, a hen foi doniol iawn, Oliver Gutteridge. Wn i ddim hyd y dydd heddiw beth oedd ei enw cyntaf. A Teifi Davies wedyn. Teifi oedd yr unig un a welais erioed yn cynnwys jeli ymhlith danteithion ei fag bwyd. Gosodai'r jeli i setio'r noson cynt mewn pot jam. Yna, amser cinio, fe'i bwytâi gyda'i frechdanau. Gorweddai wedyn yn yr haul yn rhochian cysgu.

Nefoedd fyddai cael gweithio ar Ben Bwlch. Yno, yn sŵn clir, hiraethus y gylfinir a sgrechian y boda byddem wrthi yn sychu'r tir ar gyfer plannu coed. Yma ac acw gwelem ffermdai gweigion gyda'u defaid wedi eu disodli gan goed, ac yno ar wyneb y rhostir deuai'r gorffennol i'r golwg weithiau ar ffurf gweddillion awyren ryfel.

Trawodd yr awyren ysgwydd y mynydd ar ddydd Gwener y 13 Mehefin, 1941. Clywyd ei sŵn yn agosáu gan bedwar o ddynion a oedd yn torri mawn ar y mynydd. Ceisiodd y peilot lywio'r awyren i fyny'r cwm, ond trawodd Ben Bwlch. Roedd bomiau ar ei bwrdd, a lladdwyd tri o'r chwe aelod o'r criw.

Un o'r pedwar torrwr mawn a ruthrodd tua'r safle i geisio helpu oedd Dic Evans, neu Dic Wellington, hynny am ei fod e'n byw yn Wellington House. Cyd-ddigwyddiad rhyfedd oedd mai awyren *Wellington* oedd yr un a ffrwydrodd ar Ben Bwlch. Ond fe gafwyd cyd-ddigwyddiad rhyfeddach fyth. Flwyddyn union i'r diwrnod, y flwyddyn cynt, gwelsai Lewis Edwards, a drigai ym Moel Prysgau nid nepell o Ben Bwlch, yr union awyren yn taro'r mynydd ac yn chwalu. Roedd Lewis wedi rhagweld y dyfodol.

Mynych wrth godi darn o fatri neu lafn aliwminiwm o wyneb y tir y gwnawn feddwl am dynged y lladdedigion hynny a fu farw ar fawndir mynyddig yng Nghanolbarth Cymru.

Weithiau fe ganfyddem olion llawer hŷn nag olion yr awyren ryfel. Diolch i ddiddordeb mawr Jac mewn hanes, byddai'n ein hannog i fod yn ymwybodol o hen feini a ffynhonnau iachaol yn y cyffiniau. Canfu Jac ei hun res o feini yn sefyll yn ddwfn yn y rhostir ac yn dangos eu pennau tua thair modfedd uwchlaw'r tir. Rhedai'r meini dros y mynydd. Mae'n rhaid mai rhyw hen ffin gynhanesyddol oedd y llinell. Ailddarganfu hefyd o leiaf ddwy ffynnon iachaol, Ffynnon Lygaid, filltir islaw crib Pen Bwlch, a Ffynnon Dyffryn Tawel ger y ffin rhwng tir fferm Y Fynachlog Fawr a Phantyfedwen. Dŵr Ffynnon Dyffryn Tawel oedd y dŵr oeraf i mi ei flasu erioed. Byddai drachtio ohono yn atal yr anadl am rai eiliadau. Doedd dim fel dŵr Ffynnon Dyffryn Tawel i dorri syched ar brynhawn crasboeth o haf.

Ac o feddwl am Ddyffryn Tawel, dyna gymwynas arall a gyflawnodd Jac – adfer nifer o hen enwau lleoedd. Ef wnaeth ddweud wrtha' i mai Dyffryn Tawel oedd hen enw'r cwm bychan, cul islaw'r ffordd. Ef hefyd fu'n gyfrifol am adfer i mi yr enw Penmaen Gwyn ar y llecyn lle mae lôn Pantyfedwen yn ymuno â'r ffordd drwy'r cwm.

Cofiaf iddo hefyd ddangos olion hen fwthyn Pantcarnau ar

ochr ffordd y mynydd i ni. Fe drigai Pali, hen wraig yno ar ddiwedd y bedwaredd ganrif ar bymtheg, ac fe gerddai'n ôl o bentref y Bont y pedair milltir adre i fyny'r cwm gyda phwn 56 pwys o flawd ar ei chefn, yn ôl yr hanes.

Yn ystod y chwedegau rhoddodd Jac y gorau i'w waith fel coedwigwr a chymerodd at denantiaeth y *Llew Coch* yn y pentref. Gyda'i ddawn siarad a'i bersonoliaeth gynnes roedd wedi'i eni i fod yn dafarnwr. Cymerodd at y gwaith fel hwyaden at ddŵr.

Un o'r cymeriadau mwyaf brith ymhlith y cwsmeriaid oedd Sam Davies, Talwrn Bont. Oherwydd anhwylder, bu'n rhaid torri un o'i goesau i ffwrdd, a chyda hiwmor nas ceir ond mewn ardaloedd fel y Bont fe'i bedyddiwyd yn *Legs*, er mawr hwyl i ni ac iddo yntau.

Pan fu farw Sam, dewiswyd pedwar o'i hen ffrindiau o blith cwsmeriaid y *Llew Coch* i'w gario ar ei daith olaf. Ar noswyl yr angladd fe aeth yn sesiwn hwyr er cof am Sam. Yna, tua dau o'r gloch y bore, dyma Jac yn canu cloch y bar ac yn bloeddio:

'Nawr 'te, chi'r criw claddu, ar eich traed!'

A dyma'r pedwar darpar-gludwr yn codi. Yna fe'u martsiwyd gan Jac yr holl ffordd i fyny i fynwent Ystrad Fflur dros filltir i ffwrdd – ac yn ôl – fel paratoad ar gyfer yr angladd.

Ymddeolodd Jac ac aeth ef a Joan, ei wraig, i fyw i Dregaron. Bu farw Jac ychydig flynyddoedd cyn i'w fab gyflawni ei gamp arwrol o ddringo Everest. Braint fawr i mi oedd i Garadog, wrth gyflawni'r gamp, fod â chopi o'm cyfrol, *Cae Marged*, yn ei boced. Gallaf ymffrostio bellach, mewn ffordd, fod rhan ohonof finnau wedi llwyddo i gyrraedd copa mynydd uchaf y byd.

Gall bywyd fod yn greulon. Petai Jac wedi cael byw ychydig yn hwy, gallasai fod wedi siario'n balchder ninnau wrth gydnabod gorchest fawr Caradog. Ond rywfodd mae gen i syniad nad oedd Caradog ar y copa ar ei ben ei hun ar y diwrnod hanesyddol hwnnw. Hoffwn feddwl fod yr hen Jac yno yn ei ddisgwyl â breichiau agored. Gallaf ddychmygu ei gyfarchiad:

'Be ddiawl wnâth dy gadw di, grwt?'

Eto, petawn i'n cael dewis rhwng bod ar ben Everest neu ar gopa Pen Bwlch, yr ail fuasai fy newis i – yn enwedig pe cawn fod yn 17 oed eilwaith a chael clywed sŵn clir y gylfinir a sgrech gras y boda unwaith eto. A llais Jac yn rhuo fyny'r cwm:

'Tynnwch eich bysedd mâs, y diawled bach, neu fydd dim bonws i chi'r wythnos 'ma! Phrynith hyn ddim ffrog newydd i'r babi! Nawr 'te, pennau lawr a thinau lan! Chwifiwch y crymanau 'na! Gadewch i fi weld 'chydig o blydi stêm!'

# Cofio dy wyneb

Rwyf wedi cael cysylltiad clos â'r Coleg yn Aberystwyth am dros ddeugain mlynedd bellach. Euthum yno'n lasfyfyriwr o Ysgol Tregaron yn 1958. Yna, ddwy flynedd yn ddiweddarach, ar ôl methu fy arholiadau – anwybyddu fy narlithoedd fuasai'n ddisgrifiad mwy cymwys, hwyrach – bûm yn gweithio yn Llyfrgell y Coleg am ymron i wyth mlynedd. Yna, o briodi a symud i fyw i'r dre, deuai fy ngwaith newyddiadurol â mi i gysylltiad rheolaidd â'r Coleg. Ond yn fwy na dim, ar hyd y blynyddoedd bu fy mywyd cymdeithasol yn cyd-glymu â myfyrwyr Cymraeg y Coleg.

O'r cychwyn cyntaf bûm yn chwarae rhyw gêm fach ar ddechrau pob blwyddyn golegol newydd. Golygai hyn alw yn y *Llew Du* neu'r *Blingwyr*, yr *Hydd Gwyn* neu'r *Talbot* i daflu rhyw olwg dros y newydd-ddyfodiaid. O'r wythnos gyntaf medrwn broffwydo yn o saff pwy fyddai'n llwyddo a phwy wnâi ddisgyn ar fin y ffordd. Ond methais yn rhacs wrth geisio asesu dyfodol myfyriwr a gyrhaeddodd y Coleg ddiwedd mis Medi 1972.

O'r dechrau, ymddangosai'n wahanol i'w gyd-lasfyfyrwyr. Roedd ganddo wyneb gwritgoch, iach fel wyneb bachgen ysgol wedi'i sgrwbio. Gwisgai rhyw hanner gwên chwareus a drygionus ar ei wyneb bob amser, yn union fel petai wedi chwarae tric ar rywun, a'r rhywun hwnnw yn dal heb fod yn ymwybodol o'r ffaith. O dan ei drwyn gwisgai fwstashen, rhyw gasgliad o flew a anelent at fod yn dyfiant Che Guevaraidd ei natur. Gwibiai, melltennai ei lygaid tywyll, dyfnion. Cerddai rhyw drydan drwy ei gorff. Ni fedrai fod yn llonydd am eiliad. Yn wir, dyma'r enaid mwyaf aflonydd a welais erioed. Ond er y nerfusrwydd ymddangosiadol, teimlwn ei fod yn gwbl hunanfeddiannol.

Roedd ei acen a'i dafodiaith yn wahanol hefyd – rhyw Gymraeg o'r Cymoedd yn cynnwys geiriau fel 'byti', 'mincyd' a 'wilia'. Er yn ddysgwr, un o nifer a fu'n dysgu wrth draed Alun Jones yn Rhydfelen, siaradai Gymraeg y Cymoedd yn hytrach na'r Gymraeg unffurf a ddisgwyliwn. Yn achlysurol torrai allan i ganu – caneuon rebel Gwyddelig, caneuon protest, caneuon y proletariat. 'Mae hwn,' meddwn wrthyf fy hun, 'naill ai'n mynd i syrthio'n fflat yn ei flwyddyn gyntaf neu'n mynd i ddringo i'r ris uchaf yn wleidyddol neu'n adloniadol.'

Roeddwn i'n anghywir. Llwyddodd yn ei gwrs colegol. Graddiodd, yn groes i'r graen, yn y Gyfraith. Yna aeth ymlaen i astudio, a graddio, mewn Athroniaeth a Hanes Cymru. Parhaodd yn wleidyddol ei natur. Adeg y protestiadau yn erbyn Treth y Pen fe safodd, yn llwyddiannus fel ymgeisydd etholiadol yn erbyn yr annhegwch hwnnw gan ddod ond yr ail drwy Gymru gyfan i gael ei ethol ar y fath docyn. Brwydrodd yn ddiflino i godi arian i'r glowyr adeg y streic. Ond yn hytrach na dod yn enw cyhoeddus, fel cymaint o'i gyfoedion yn Aber, bodlonodd ar fod yn athro ysgol cyn troi at fenter gydweithredol chwyldroadol yn ei fro ei hun, lle trowyd hen lofa yn ganolfan ddringo i ymwelwyr. O blith y miloedd o fyfyrwyr a basiodd drwy byrth Coleg Aberystwyth rhwng 1958 a 2001, ni welais un erioed oedd yn debyg i Rod Barrar.

Ei enw'n llawn oedd Rodric Rhys Barrar. Hanai o dref Nelson yn Ne Morgannwg a safai allan ynghanol y criw o Gymry Cymraeg dosbarth canol a'i hamgylchynai. Hanai Rod ei hun o'r dosbarth hwnnw, ond ni fyddai'n ymddwyn fel ei gyd-fyfyrwyr. Rhyw rebeliaid *weekend*, chwedl Ems, oedd y mwyafrif mawr o'i gyd-fyfyrwyr, ond roedd Rod yn rebel go iawn, yn rebel tragwyddol.

Ymddangosai fel daeargi Jac Rysel yng nghanol corgwn

pedigri. Ac mae'r gymhariaeth â Jac Rysel yn un addas. Un bach oedd e, ond un taer. Pan gâi ei ddannedd i achos arbennig, ni ollyngai, ac fe wnâi unrhyw annhegwch ei boeni i'r byw, ei wylltio hyd at gymryd y gyfraith i'w ddwylo'i hun.

Teithiodd i fyny i Lundain unwaith gyda chriw o brotestwyr iaith. Yng nghyffiniau Tŷ'r Cyffredin fe'u hamgylchynwyd gan fyddin o blismyn gyda chymorth cŵn Alsatian. Aeth Rod i fyny at un plismon gan wawdio'i gi. 'Pa werth yw cŵn fel y rhain?' gofynnodd. 'Fe fyddai Dai Dan Evans wedi amgylchynu'r lle â *whippets.*' Fe'i harestiwyd.

Daeth Rod i Aber yn ystod cyfnod aur. Roedd Neuadd Ceredigion ar y prom wedi'i neilltuo i Gymry Cymraeg – bechgyn yn unig. Y flwyddyn wedyn agorwyd Pantycelyn fel Neuadd Gymraeg swyddogol. Cyd-ddigwyddodd y datblygiadau hyn â dyfodiad criw disglair o fyfyrwyr i Aber – yn eu plith Emyr Wyn, Robin Ifans, Graham Pritchard, Ronw Prothero, Dylan Iorwerth, Keith Davies, Gwyndaf Rowlands, Elfyn Llwyd, Myrddin ap Dafydd, Tweli Griffiths, Denfer Morgan ac Elis Owen. Yn Aber hefyd roedd Mei Jones, ac roedd Ems yno yn astudio, yn anfoddog, lyfrgellyddiaeth.

O blith y criw talentog hwn y tyfodd ac y datblygodd y grŵp *Mynediad am Ddim*, a bu Rod yn drefnydd teithio'r grŵp. Mae meddwl am Rod yn trefnu unrhyw beth yn ddoniol ynddo'i hun. Rhyw esgus oedd ei swydd i ehangu ei fywyd cymdeithasol. Ac ni welwyd neb mwy cymdeithasol. Y *Blingwyr* a'r *Llew Du* oedd cartrefi naturiol Rod.

Ceir stori amdano'n dychwelyd i'w stafell ym Mhantycelyn un noson a chanfod i gyfaill iddo fanteisio ar ei absenoldeb er mwyn cynnal cyfarfod efengylaidd. Cerddodd Rod i mewn ar ganol y cyfarfod. Ymddiheurodd am ei ymyrraeth. Cerddodd ar draws y stafell, safodd ar ben cadair a phisodd yn y sinc cyn mynd i'w wely a chysgu.

Ac o sôn am y sinc, ar un cyfnod fedrai ef na'i gyd-letywr ddim o'i defnyddio gan i Rod, o ennill pysgodyn aur yn y ffair, ei gadw yno. Bedyddiodd y pysgodyn aur yn Rhymni.

Byddai'n chwarae â'i fysedd yn y dŵr wrth ddiddanu'r pysgodyn a'i gyfarch:

'Shw'mai, Rhymni byt.'

Poenai rhai o'i ffrindiau amdano. Teimlent ei fod yn gorwneud pethau. Ond parhau â'i fywyd di-drefn a di-hid a wnâi Rod, yn canu, yn pregethu Sosialaieth, yn yfed Strongbow (a alwai yn Strobo) a rỳm. Tystiodd unwaith mai ei Bedwar Marchog yr Apocalyps yn y Coleg oedd y *Dubliners*, *Mynediad am Ddim*, Strongbow a rỳm. Gymaint pryder un fyfyrwraig ifanc amdano fel iddi geisio cynnal sgwrs ddifrifol ag ef. Gofynnodd iddo pam yr yfai cymaint.

'Rwy'n yfed er mwyn ceisio anghofio, t'weld' oedd ateb Rod.

'Beth wyt ti'n ceisio'i anghofio, Rod bach?'

A Rod yn ateb yn ddidaro.

'Diawl, dw'i ddim yn cofio.'

Roedd Rod yn gastiwr heb ei ail. Dyna'i chi'r noson y bu Harri Webb yn darlithio ym Mhantycelyn nes oedd hi ond hanner awr cyn stop tap, a Rod ar frys i ddal y *Llew Du* cyn i hwnnw gau. Y tu allan i'r neuadd pwysai beic Athro Coleg nid anenwog, yr Athro hefyd wedi bod yn y ddarlith. Heb feddwl ddwywaith, neidiodd Rod ar y beic a bant ag e. Torrwyd ar ei siwrnai ar waelod Rhiw Penglais gan blismon. Fe'i bwciwyd gan y Glas am fod ar feic heb olau.

Un prynhawn yn y *Blingwyr* wedyn, a chriw o ymwelwyr o Ganolbarth Lloegr wedi meddiannu'r lle. Digwyddai'r tafarnwr, John Purcell, fod yn bwyta cocos. Cydiodd Rod mewn cocosen a'i gwthio'n slei bach i fyny ei drwyn. Yna dyma droi at yr ymwelwyr, gwthio'i fys bach i fyny i'w ffroen a dod allan â'r gocosen, yn union fel petai yn glanhau ei drwyn. Daliodd y gocosen i fyny mewn buddugoliaeth am eiliad cyn ei bwyta gydag archwaeth o'r mwyaf. Fe adawodd y Brymis eu peints a mynd allan braidd yn welw.

Nôl ym mis Tachwedd 1974 roedd Jên, fy ngwraig, ar fin esgor. Fe'i cludwyd i'r ysbyty ac euthum i, Ems a Rod ati i ddathlu rhag blaen ar Strongbow a jin. Fe aeth y nos yn fore gyda Rod yn cysgu yn fy ngwely i, Ems yn y gwely sbâr tra roeddwn innau ar y soffa.

Bu'r dathlu ychydig yn gynamserol. Aeth wythnos arall heibio cyn i Jên esgor ar fab, Dylan. Prynhawn dydd Llun, 18 Tachwedd oedd hi. Gelwais yn nhafarn y *Terminus* i dorri'r newydd da. Roedd Rod yno. Ymhen llai nag awr roedd e wedi bod fyny yn yr ysbyty gydag anrheg i Dylan, ei anrheg cyntaf erioed. Pêl rygbi.

Yn ddiweddarach, roedd Rod yn ôl yn y *Terminus* a theimlodd y dylai brynu anrheg arall. Trodd at Ems i ofyn am fenthyciad.

'Ems, dere â mincyd dwybunt.'

Gyda dwybunt Ems yn ei boced fe aeth fyny i'r dre a phrynodd ail anrheg. Beth oedd e'? Dim byd llai na *draught excluder* ar ffurf sarff i'w osod ar waelod drws stafell wely Dylan. Bedyddiodd Rod y sarff yn Adrian y Neidr.

Ganol y saithdegau fe ddaeth y gyflwynwraig Joan Bakewell i Aber i baratoi rhaglen ar fywyd y myfyrwyr. Treuliodd lawer o'i hamser yng nghwmni'r myfyrwyr Cymraeg – Rod yn arbennig. Ffolodd y ferch arno. Fe'i galwai yn *that wild-eyed young man.'*

O ddeall fod Rod yn hanu o dref Nelson, gofynnodd y gyflwynwraig iddo a oedd y dre wedi ei henwi ar ôl y morwr a'r Iarll enwog. Na, atebodd Rod, i'r gwrthwyneb. Nelson oedd wedi ailfedyddio'i hun ar ôl enw'r dre. Yn ôl Rod, Horatio Williams oedd enw gwreiddiol yr arwr Prydeinig, ond un tro, ar ei ffordd adre ar ôl bod yn prynu pelenni magnel ym Mhontypridd, digwyddodd deithio drwy Nelson. Yno fe alwodd am beint yn y *Nelson Inn*, a gedwid bryd hynny gan hen fam-gu Rod. Yno, fe fwynhaodd yr arwr ei hun gymaint fel iddo newid ei gyfenw i Nelson. Mae gen i deimlad i'r gyflwynwraig ei gredu.

Wedi graddio a gadael y Coleg, deuai'n ôl yn achlysurol gan ddenu cylch o wrandawyr bob tro y gwnâi. Daeth i Aber ar gyfer cyngerdd dathliad deunaw oed *Mynediad am Ddim*. Tra roedd y band ar y llwyfan yn y *Marine* a'r gynulleidfa'n gwerthfawrogi ac yn cymeradwyo, bodlonodd Rod ar encil yn y bar yng nghwmni Ems, awdur y caneuon a gâi eu canu ar y llwyfan, a thra roedd y band yn canu *Ceidwad y Goleuni* a *Cofio dy wyneb* roedd Rod yn canu *The Rose of Tralee* drosodd a thro. Pan ddeuai at y llinell *Oh, no, twas the truth . . .* fe wnâi ynganu *truth* fel *triwth* bob tro. Noson i'w chofio oedd honno, a Rod ar ei uchelfannau.

Tra yn y Coleg, fe wnaeth Rod gyfansoddi cân i *Mynediad* ar gyfer yr Eisteddfod Ryngolegol, a doedd hi ddim yn syndod o gwbwl mai cân brotest oedd hi, *Llwch y Glo*. Adeg streic y glowyr bu'n weithgar tu hwnt yn protestio ac yn codi arian. Doedd dim diwedd ar ei ynni. Golygodd gyfrol o ganeuon protest, *Caneuon y Weriniaeth* yn 1981, cyfrol yn cynnwys clasuron fel *The Ballad of Joe Hill, Who'll Condemn the Miner* a *The Men Behind the Wire*. Cyflwynodd y llyfryn 'i bawb yng Nghymru sy'n gaeth mewn carchar, ffatri, pwll neu weithdy – neu sy'n gaeth o dan y *giro*.'

Nefoedd Rod oedd pentref Bedlinog yn y Cymoedd, a hynny am i'r gymuned barhau i fod yn gymdeithas Gomiwnyddol ei meddylfryd. Nid Brenhines y Carnifal a etholid ym Medlinog, yn ôl Rod, ond Y Frenhines Goch. Roedd gan y pentref hanes cyfoethog ac arwrol o anfon milwyr i ymladd yn erbyn Franco yn y Rhyfel Cartref, ac roedd gan Rod stori hynod ddoniol am gyfnod streic y glowyr. A oedd hi'n stori wir ai peidio, wn i ddim. Yn sicr, fe haeddai fod yn wir.

Yn ôl Rod, roedd un o Gynghorau Llafur Llundain wedi anfon llond lori o fwyd i Fedlinog. Cafwyd derbyniad mawr yn y clwb lleol, ac ymhlith yr ymwelwyr roedd Arweinydd y Cyngor Llundeinig. Fe'i croesawyd gan ryw hen ŵr yn y gornel ac fe aeth yn sgwrsio brwd.

'Comiwnydd ydych chi, mae'n debyg,' meddai'r hen ŵr.

Trodd y gwleidydd er mwyn gwneud yn siŵr na wnâi neb arall glywed ei gyfaddefiad.

'Wel ie, wrth gwrs,'

Tynnodd yr hen ŵr ei bib o'i geg a phoeri i lygad y tân.

'Da iawn, ond un o'r blydi Comiwnyddion Ewropeaidd yna ydych chi, mae'n debyg.'

Syllodd yr ymwelydd yn syn cyn sylweddoli arwyddocâd y sylw.

'Wel ie, wrth gwrs. Ond na! Peidiwch â dweud! Dydych chi byth yn Gomiwnydd Stalinaidd?'

Cydiodd yr hen ŵr yng ngholer yr ymwelydd a syllu i fyw ei lygaid.

'Wel ydw, a beth sydd o'i le ar hynny?'

Gwelodd yr ymwelydd.

'Ond fe lofruddiodd Stalin chwe miliwn o'i bobl ei hun!'

Cydiodd yr hen ŵr yn dynnach yng ngholer yr ymwelydd a'i ysgwyd.

'Nawr te, do's dim angen bod yn blydi gul ein meddyliau, oes e?'

Fe briododd Rod a ganwyd iddo ef a'i wraig, Nia, ddwy ferch. Trodd ei fywyd o gwmpas y tair. Ond ni ddofwyd Rod yn llwyr. Parhaodd yn rebel, yn bentewyn. A phan ddeuai'n achlysurol yma i Aber fe wnâi ailgynnau'r hen hwyl.

Yna, ychydig cyn y Nadolig y llynedd dyma Ems yn fy ffonio. Roedd e newydd glywed fod Rod wedi marw'n sydyn yn ei wely. Rod yn llonydd. Fedrwn i ddim credu'r peth. Cadarnhawyd ein hofnau yng ngholofn farwolaethau'r *Western Mail* ddau ddiwrnod yn ddiweddarach.

*Yn sydyn ond yn dawel, ddydd Mercher 19, 2001 yn ei gartref Banc-y-Felin, High Street, Trelewis bu farw Rodric Rhys (Rod) Barrar, priod annwyl Nia, tad cariadus Lois ac Elen, mab tyner Graham a Gill, brawd hoffus Rhiannon a Meredydd.*

Fedrwn i ddim dychmygu'r arian byw hwnnw o gymeriad yn ddigynnwrf. Fedrwn i ddim dychmygu gorfod cyfeirio at Rod fel rhan o'r gorffennol.

Mewn cyfrol a gyhoeddwyd i ddathlu deunaw mlwyddiant *Mynediad am Ddim* fe ysgrifennodd Rod:

'A nawr, mae'r ffwlbri drosto, a fi'n ddyn cyfrifol ac yn dadi. A beth sydd ar gasét y playpen ac ar yr olwynion sy'n gar i mi? – *Mynediad am Ddim* yn canu *Dwy fraich ar led* a *Sion Corn ydw i*! Mae Dadi'n adnabod hwn sy'n canu.'

A medde finnau wrth Lois ac Elen, 'Roeddwn i'n adnabod eich Dadi. Ac yn falch o gael ei adnabod.'

Gallaf ddychmygu na chafwyd erioed Dadi anwylaf.

Hwyl, byti. Fe hoffwn i gael 'mincyd' awr o dy gwmni unwaith eto.

# Bois y Sgwâr

Ceir dwy sgwâr ym mhentref y Bont – y Sgwâr Fawr ger y Swyddfa Bost, lle mae'r ffyrdd tua Thregaron ac Ystrad Fflur yn croesi, a'r Sgwâr Fach, neu Sgwâr Rock Villa, lle cyferfydd ffyrdd Ystrad Meurig a Ffair Rhos.

Wrth yrru drwy'r pentref heddiw, prin y gwelir neb yn oedi i sgwrsio ar y naill sgwâr na'r llall. Ond arnynt, yn eu tro, y câi'r byd ei roi yn eu le.

Ar ymyl y Sgwâr Fawr, rhwng lôn Cefngaer a'r Swyddfa Bost safai rhes o feini gwynion. Ac ar y rhain yr eisteddai seneddwyr bro fel Rod Williams, y beili lleol; Jac Defi'r crydd; John Edwards, crydd arall a oedd yn ddall; Twn Plas y Ddôl, rôg drygionus ond diddrwg, Ianto James a Ianto John, dau labrwr; Twm Norris, gwas ffarm a ddaethai o gartref plant amddifad, a William Castell, yntau wedi bod yn was ffarm.

Weithiau fe wnâi Nhad ymuno â nhw. Ac yn ei gysgod cawn wrando ar y trafod, y dadlau a'r tynnu coes diddiwedd. Ar adegau felly teimlwn yn freintiedig.

Rod, fel arfer, fyddai'n llywio'r trafodaethau. Mae yna hen ddywediad Saesneg sy'n honni mai'r beili gorau yw cyn-botsier. Roedd hynny'n rhyfeddol o wir am Rod Williams. Slingyn main gyda chernlun ei wyneb fel hanner lleuad oedd Rod. Yn ei ddydd buasai'n botsier di-ail. Fe'i daliwyd unwaith gan feili yn tyllu am gwningod. Trawodd Rod y beili â'r bâl. Sylw un o'i ffrindiau y noson honno oedd:

'Oeddet ti siŵr o fod yn falch o'i weld e'n disgyn.'

Ateb Rod oedd:

'Rown i'n falchach fyth i'w weld e'n codi.'

Daethai Twm Norris i'r ardal fel llanc amddifad. Fel Rod, dyn main oedd Twm, a gyda golwg o syndod ar ei wyneb bob amser. Gwisgai drowser rhy fyr, neu drowser hanner-mast a ddangosai dair modfedd o'i sanau uwchlaw ei sgidiau. Ac er iddo ddysgu Cymraeg, a siarad yr iaith ar bob achlysur, Cymraeg digon lletchwith a gaed gan Twm. Cyfeiriai at ei hun fel 'ni'. Cyfarchai bawb arall fel 'ti'. Pawb, hynny yw, ar wahân i anifail neu Dduw. 'Chi' fyddai Duw bob amser. Felly hefyd unrhyw greadur. Yn y Seiat un noson gofynnwyd iddo weddïo. Ar ôl ychydig eiriau fe gloffodd, a daeth i stop. Yna, wedi saib hir dyma Twm yn dweud wrth ei Dduw:

'Peidiwch Chi â becso. Ma' Chi yn gwbod be sy' yn calon ni.'

Ac rwy'n siŵr ei fod E'n gwybod hefyd.

Ym mhob gweddi a draddodai Twm, byddai un grŵp o bobol yn siŵr o gael ei sylw. Nid anghofiai byth ofyn i Dduw:

'Cofiwch am y blacs bach.'

Pan agorwyd Canolfan Pantyfedwen yn y pentref nôl yn y chwedegau, fe ysgubodd diddordeb newydd drwy'r fro – snwcer. Diolch i haelioni Syr David James fe osodwyd dau fwrdd snwcer yn y Ganolfan a byddai mynd mawr ar y gêm. Yn wir, os maddeuwch i mi am ddefnyddio gair mwys, byddai ciw hir o fechgyn a dynion yn gorfod disgwyl eu tro, Twm yn eu plith. Un noson, ceisiai Twm ymestyn blaen y ciw tuag at y bêl wen, a oedd ar ben pella'r bwrdd. Er gwaetha'i freichiau hir, fe'i câi hi'n anodd i gyrraedd. Daeth cyngor o blith y gwylwyr:

'Cymer *rest*, Twm.'

Y *rest*, wrth gwrs, yw teclyn hir gyda phont fach ar ei flaen lle gall y ciw orffwys ar gyfer ergydion hir. Diolchodd Twm i'r sylwebydd am ei gyngor ac eisteddodd ar fainc gyfagos.

'Diolch, ti'n iawn,' meddai Twm, 'mae ni wedi blino tipyn.'

Cychwynnodd Twm weithio yn yr ardal fel gwas gyda Morgan a Polly Roberts yn Hafod y Rhyd. Wedi i'r rheiny ymddeol, symudodd i'r Allt Ddu, lle cafodd gartref llawn mor groesawgar gan Dai ac Elizabeth Hughes. Ac yno un dydd dyma fe'n dod wyneb yn wyneb â'r tarw. Dechreuodd y tarw fugunad yn uchel ar Twm. Trodd Twm at y tarw a'i geryddu:

'Nawr 'te, tarw, cewch adre chi â'ch hen gwhwryd.'

Fe brynodd Twm fotobeic. Fe'i marchogodd am wythnosau cyn llwyddo i gael y *Bantam* gwyrdd allan o'r gêr isaf. Un noson ar y sgwâr dyma Twm yn cyhoeddi wrth y criw:

'Ni'n mynd lawr i'r Sowth fory.'

'Felly wir,' meddai William Castell.

'Ni'n mynd ar y motobeic.'

A dyma William yn ychwanegu'n bwyllog:

'Aros di nawr, Twm. Mae hi'n nos Lun heno. Fe fydd yr angladd sha' dydd Sadwrn, felly.'

Dyn bach, gwydn yn gwisgo clos pen-glin a legins oedd William. Byddai'n dal bws Wil Lloyd ar waelod lôn y Wernfelen ac yn gofyn i'r gyrrwr ei ollwng ar sgwâr y capel. I bawb arall, sgwâr y *Blac Leion* oedd honno. Yna fe âi nôl i'r Red i brynu owns o dybaco cyn mynd i'r *Blac* am ei beint.

Ond weithiau ar ei ffordd adre o'r dafarn, taith o ddwy filltir, galwai yn siop Ifan Hughes. Bwtsiwr a werthai nwyddau o bob math hefyd oedd Ifan. Roedd e'n flaenor – yn wir yn ben blaenor ac yn godwr canu heb sôn am fod yn biwritan rhonc. Ond unwaith, adeg y Rhyfel, fe'i herlynwyd am ryw gamwedd yn ymwneud â gwerthu cig. Un noson galwodd William yn y siop yn ôl ei arfer. Allan o ddwy boced ei got ymwthiai gyddfau dwy botel stowt. Gwelodd Ifan y poteli a dyma fe'n codi ei ffon ac yn pwyntio atynt.

'Twt-twt, William. Twt-twt', ceryddodd Ifan.

'Ie wir, Ifan Hughes,' atebodd William yn hamddenol, 'mae 'mhechodau i gyd yn fy mhoced i heno eto.'

Yn groes i ofnau William Castell, fe lwyddodd Twm Norris i deithio i'r Sowth ac adref yn ddianaf. Ond taith lawer fyrrach a wnaeth ddwyn bywyd William, druan. Yr eironi yw iddo un noson, wedi i Nhad ofyn iddo a deimlai'n ddigon iach i gerdded adre, ddweud fod yna Rywun yn gofalu amdano.

'Ma' Fe gyda fi bob cam o'r ffordd,' meddai William. 'Fe

fydd E gyda fi ar hyd yr hewl lawr at waelod lôn Wernfelen. Fe fydd E gyda fi yr holl ffordd lan y lôn at lidiart ffald Gilfach y Dwn Fawr. A wedyn fe fydd E gyda fi nes i fi gyrraedd y tŷ.'

Ychydig nosweithiau wedyn cafodd ei gario gan Dic Jones mewn car i ben y lôn. Cyn iddo gyrraedd clwyd y clos fe gwympodd William gan daro'i ben a boddi mewn nant fechan nad oedd ond tua dwy fodfedd o ddyfnder.

A mynd wnaeth y gweddill hefyd o un i un gan groesi afon a oedd yn llawer dyfnach na'r nant a gipiodd fywyd yr hen William.

Ond fe ailgododd y senedd bro ei phen ar y Sgwâr Fach. A'r seneddwyr y tro hwn oedd Sam Rock Villa, Lewis Edwards Moel Prysgau, Jac Pantafallen, Twm Williams, Jim Hughes Y Lôn a Tom Gwynfa.

Yn y senedd hon doedd dim unrhyw ddadl pwy oedd y Prif Weinidog. Sam oedd hwnnw, ac ef a fathodd y disgrifiad gorau a glywais erioed i ddisgrifio'r criw. Yno y safent un noson, yn rhes o hynafgwyr bregus yn pwyso ar eu ffyn. Fe'u disgrifiwyd gan Sam fel 'Rhes o blydi gidni-bîns.'

Wrth i'r cymeriadau ymgynnull yn rheolaidd, gwelodd y Cyngor yn dda i ddarparu mainc ar eu cyfer. Câi'r tri neu bedwar cyntaf i gyrraedd le i eistedd. Rhaid fyddai i'r hwyrddyfodiaid bwyso ar y ffens neu ar eu ffyn. Fe âi Sam ymhellach na hynny. Câi le i eistedd ar ganol y fainc bob amser, ond pwysai hefyd ar ei ffon, a honno'n ffon grand, gerfiedig.

Ar un prynhawn trymaidd dyma Sam yn barnu ei bod hi'n 'hen ddiwrnod pwdwr'. A Lewis Edwards yn ateb:

'Wel odi, am wn i. Yn enwedig i'r rheiny sy'n dueddol o fod yn bwdwr.'

Lewis oedd un o'r ychydig rai i gael y gorau ar Sam. Un arall oedd gwraig ffarm a bedlodd heibio un noson ar ei beic. A Sam yn ei chyfarch:

'Ma'r hen feic yna'n gwichian, braidd.'

A'r wraig yn ateb yn ddidaro:

'Fe fydde tithe'n gwichian, y diawl, petai ti rhwng 'y

nghoese i.'

Fe fu Sam unwaith yn gweithio yn Aberystwyth gan deithio nôl ac ymlaen bob dydd ar fws Lloyd Jones. Ar gyfer y daith adre fe fyddai dau fws yn cychwyn o Aber – un yn teithio'n uniongyrchol i'r Bont drwy New Cross a throi yn y Trawsgoed tra'r llall wedyn yn crwydro drwy Gnwch Coch gan ymuno â'r llall ger y Swyddfa Bost ym Mhontrhydygroes. Yno byddai gofyn i'r bws cyntaf ddisgwyl y llall am hydoedd cyn i deithwyr ar hwnnw a oedd am fynd ymlaen i Ysbyty Ystwyth, Ffair Rhos a'r Bont gael eu trosglwyddo o'r naill i'r llall. Un noson, a'r bws cyntaf wedi gorfod disgwyl am ugain munud a mwy, gyda Wil Doctor wrth y llyw, dyma Sam yn gofyn i Wil:

'Diawl, Wil, o's amser 'da fi i alw yn y Post?'

'Pam wyt ti'n gofyn?'

'Rhyw feddwl o'wn i y gallwn i hela cerdyn post i Marged y wraig i 'weud wrthi bo' fi ar y ffordd adre.'

A Wil, druan, yn destun chwerthin i bawb ar y bws.

Roedd Tom Gwynfa yn hen gymeriad annwyl a diddrwg ac yn enghraifft wych o'r arferiad i fathu llysenw. Pan ofynnodd rhywun iddo un dydd sut hwyl oedd arno, ei ateb oedd:

'Rwy'n teimlo fel *two-year-old.*'

A dyna fedyddio Tom yn y fan a'r lle yn Twm *Two-year-old.* Yna datblygodd y llysenw i fod yn Twm y Ddwyflwydd.

Gyrrwch drwy Bontrhydfendigaid tua naw o'r gloch y nos bellach ac fe fyddwch yn ffodus i weld un enaid byw ar y naill sgwâr na'r llall. Nac ar y bont lle byddai llanciau ifainc y pentref ymgynnull gynt. Mae enwau dwsinau ohonynt yn dal wedi'u cerfio ar feini'r canllawiau. Cerrig beddau yw'r meini hynny erbyn heddiw.

Collwyd yr hen frawdoliaeth nosol gan adael rhyw hen wacter – rhyw dawelwch llethol. Mae rhai'n beio'r teledu. Dydw i ddim. Roedd oes y bocs celwyddau wedi cyrraedd rai blynyddoedd cyn tranc y seneddau bro. Yn wir, cynnwys rhaglenni teledu fyddai un o brif destunau seneddwyr y meini gwynion a'r fainc bren.

Na, mae rhywbeth dyfnach na theledu wedi arwain at y chwalfa fawr. Fe newidiodd cymdeithas yn llwyr. Y bar yw'r man cynnull bellach. A thybed nad aethom ni oll yn rhy ddysgedig, yn rhy oleuedig? Collwyd y diniweidrwydd.

Byddaf yn aml yn dyfynnu o un o bregethau y Parchedig Brifardd Dafydd Jones, Blaenplwyf wrth iddo geisio esbonio'r newid. Cyfeiriodd at ei blentyndod yn Nhynygraig, lle'r oedd chwedl am fwci-bo a drigai o dan bont y pentref.

'Fe fydden ni, blant, yn croesi'r bont yn dawel ar flaenau ein traed rhag dihuno'r bwci,' meddai. 'Ond mae plant heddiw yn neidio lan a lawr ar ben y bont i weld a ddaw'r bwci mas.'

Fe af i gam ymhellach. O'i ddenu allan, fe wnâi plant heddiw ymosod ar y bwci, druan, a'i yrru nôl i ddiogelwch ei guddfan glyd. A phetai hi'n dod yn achos llys, y bwci, gellwch fentro, a gâi ei erlyn.

# Y Llais

Fis Chwefror 1971 oedd hi, a minnau yn llaesu dwylo. Y dychymyg yn hesb. Doedd gen i ddim un syniad ar gyfer stori i'r Cymro. Roedd digon o fanion, oedd, ond dim byd sylweddol. A dyna pryd ganodd y teliffon.

Ar bendraw'r lein roedd y ffotograffydd Ray Daniel, meistr ar ei grefft hunanddysgedig. Rhyw feddwl oedd Ray y medrem fynd lawr ar sbec i Abergwaun lle'r oedd clasur Dylan Thomas, *Under Milk Wood* yn cael ei ffilmio. Y gobaith, meddai, fyddai cael cwrdd â Ryan Davies, a oedd yn chwarae rhan yr Ail Lais. Byddai honno'n stori werth chweil, yn sgŵp.

Dyma ffonio golygydd *Y Cymro*, Llion Griffith, ac yntau'n rhoi tragwyddol heol i ni fynd. Un felly oedd Llion. Byddai'n barod bob amser i mi gael y rhyddid i fynd fy ffordd fy hun wrth chwilio am straeon. A bant â Ray a minnau, gyda mwy o obaith nag o hyder. Am ryw reswm, cyn gadael y tŷ, gwthiais fy nghopi o ddrama fawr Dylan Thomas i'm poced. Rhodd Nadolig oedd y gyfrol oddi wrth Gwen, fy chwaer, a'i phriod, Keith, nôl yn 1956.

Teimlwn gryn gyffro o gael mynd i Abergwaun. O leiaf, fe gawn weld y setiau a adeiladwyd yn yr harbwr bychan islaw'r dref ar gyfer y ffilmio. Roedd y ddrama wedi chwarae rhan bwysig yn fy mywyd. Gwyddwn y geiriau bron iawn ar fy nghof. Rown i wedi ffoli ar y gwaith – iaith gyfoethog Dylan a'i gymeriadau trist-ddoniol heb un dihiryn yn eu plith. Llaregyb oedd gardd Eden Duw i Meri Ann 'Y Morwr' yn y ddrama, ac a minnau hefyd.

Bum mlynedd yn gynharach cefais y cyfle i berfformio'r gwaith fel aelod o Gwmni Drama Talacharn, cwmni a sefydlwyd gan Gwynne D. Evans o ardal Cross Hands. Fi oedd Mr Puw, y darpar lofrudd a gâi ei ysbrydoli gan y Doctor Crippen ac a dynnai ei gynlluniau ffansïol ac anobeithiol o'r gyfrol *Lives of the Great Poisoners.*

Ochr yn ochr â'r perffomiadau Saesneg, cynhaliwyd y perffomiad Cymraeg cyntaf erioed o'r ddrama, addasiad campus a meistrolgar T. James Jones *Dan y Wenallt.* Nid yn unig y mae addasiad Jim yn un i'w edmygu, yma ac acw mae'n rhagori ar y gwreiddiol.

Cyflwynwyd y perffomiad Cymraeg cyntaf mewn pabell uwchlaw'r môr yn Nhalacharn ar nos Wener, 4 Awst, 1967 ac yn aelodau o'r cast roedd rhai enwau a oedd i ddod yn amlwg iawn. Yn chwarae rhan Syr Wili Watsh a Mr Pritchard roedd Sulwyn Thomas; Sharon Morgan oedd Mae Rose Cottage; Peter John oedd Dai Bara; Anita Williams oedd Poli Gardis; a Brin ac Edna Bonnell oedd Mog Edwards a Mrs Dai Bara Gwyn. Dyma pryd y cychwynnodd Victoria Plucknet ymhél â byd y ddrama, yn ferch ifanc yng nghysgod ei mam, Dulcie, a chwaraeai ran Mrs Puw.

Yn ystod y cyfnod hwn, gweithiwn fel newyddiadurwr i'r *Cambrian News.* Fel un na yrrai gar, golygai'r ymarferiadau a'r perffomiadau fodio rhwng Aberystwyth a Thalacharn. Yn ffodus, fe gawn fy nghludo weithiau gan Alwyn Jones a chwaraeai ran Capten Cat. Daeth yn enwog wedyn fel Gwyther yn *Pobl y Cwm.* Pan fyddai Alwyn yno, cawn siario carafán gydag ef, gyda'r naill yn dihuno'r llall – a *vice versa* – o ganlyniad i chwyrnu'r ddau ohonom. Dywedodd ymwelydd a drigai mewn carafán gyfagos iddo gredu unwaith fod eirth yn gymdogion iddo. Cysgais fy siâr hefyd ar lwyfan y babell lle cynhelid y perffomiadau ar dir gwesty *Glan y Môr.* Oedd, roedd *Dan y Wenallt* yn golygu llawer i mi.

Beth bynnag, dyma gyrraedd Abergwaun yng nghar Ray Daniel a galw yn y Dinas Arms, man cyfarfod y criw ffilmio.

Dydi'r lle, sydd ar y dde wrth ddirwyn i lawr y rhiw tua rhan isaf y dref, ddim yn dafarn bellach ond mae'r hen enw i'w weld o hyd ar faen yn uchel ar y wal.

Roedd y lle'n hollol wag, ar wahân i bresenoldeb T.H. Evans, yr actor a'r cyn-brifathro ysgol o Gastellnewydd Emlyn a oedd wedi chwarae rhan Y Parchedig Eli Jenkins yn y perfformiadau llwyfan cyntaf o *Under Milk Wood* yn Llundain. Yn y cynhyrchiad hwnnw, Richard Burton a chwaraeai ran y Llais Cyntaf. Roedd T.H. wedi dod lawr i Abergwaun yn y gobaith o gyfarfod â'i hen gyfaill. Wrth i ni'n dau sgwrsio, penderfynodd Ray fynd ei ffordd ei hun i chwilio am destunau ar gyfer ei gamera. Oedais i yn y bar. Ond ar ôl tua hanner awr, euthum am dro rownd y gornel ac yna yn ôl i'r bar. Erbyn hyn, roedd y dafarn yn orlawn

Gwthiais fy ffordd tua'r bar, lle gorffwysai fy mheint hanner llawn. Rhyngof a'm *Worthington* safai dyn, â'i gefn tuag ataf, yn gwisgo hen got armi. Cyffyrddais â'i ysgwydd a gofyn a gawn i wthio heibio tuag at fy mheint. Trodd y gŵr ac ymddiheurodd.

'Mae'n ddrwg gen i, fyddwn i byth yn meddwl sefyll rhwng dyn a'i beint.'

Doedd dim modd peidio adnabod y llais melfedaidd – rhyw gymysgedd o Ginis a mêl. Doedd dim modd camgymryd y llygaid pruddglwyfus am lygaid neb arall. Yno, yn syllu arnaf, roedd Richard Burton. Fedrwn i ddim credu fy lwc.

Er na fûm erioed yn bysgotwr, gwyddwn mai'r peth olaf y dylai genweiriwr ei wneud, o gael ymateb cadarnhaol i'w abwyd, oedd gollwng gafael. Ac roedd gen i bysgodyn mawr ar fy lein – pysgodyn mwya'r byd ar y pryd ym myd actio. Penderfynais geisio parhau'r sgwrs, doed a ddelo.

'Ydych chi'n dal i siarad Cymraeg?'

Gwenodd. Cymerodd lwnc o'i beint.

'Ydw. A phetai pawb fel chi, yn mynnu siarad Cymraeg â fi, fe fyddwn i'n well siaradwr Cymraeg nag ydw i.'

Ond rown i nawr yn dechrau rhedeg allan o esgusodion i barhau i sgwrsio ag ef. Ac yna cofiais am fy sgwrs yn gynharach â T.H. Evans, a chofiais un o gynghorion Eirwyn Pontshân, 'Os nad wyt gall, bydd gyfrwys'. Soniais wrth Richard am obaith T.H. o gyfarfod ag ef. Goleuodd ei lygaid.

'Ble mae e? Fyddech chi mor garedig â chwilio amdano fe a dod ag e draw?'

Cytunais. Dychwelais ymhen pum munud gyda T.H. yn fy nilyn. Bu cryn gofleidio rhwng y ddau, a chollwyd ambell ddeigryn hiraethus. A dyna pryd wnaeth Burton alw am osteg. Gan anelu ei eiriau at y cyfarwyddwr, Andrew Sinclair, dyma fe'n cyhoeddi na fyddai mwy o ffilmio'r diwrnod hwnnw. Roedd e am dreulio gweddill y dydd yng nghwmni ei hen gyfaill.

Llogodd Burton y bar cefn, ac yno yr enciliodd ef a T.H. – a minnau yn eu cysgod – am sesiwn o atgofion ac yfed. Yno bu Burton yn dynwared hen bregethwyr y cymoedd, Philip Jones, Edward Mathews a J. Caerau Rees. Fe wnaeth ddynwared un, a bregethai am ddiosg pechodau haen wrth haen, fel pilio winwnsyn. Ac i ddarlunio ei bregeth, defnyddiai'r actor hances boced wedi'i rholio a'i phlygu fel winwnsyn, yn union fel y gwnaethai'r hen bregethwr gynt.

O dipyn i beth, fe ledodd y si fod Burton yn dal pen rheswm yn y bar cefn, a llwyddodd ambell i newyddiadurwr arall ddarganfod ei ffordd i mewn drwy'r drws cefn. Daliwyd ar y cyfle i holi Burton. Gofynnodd un ohonynt beth fyddai barn Liz Taylor am Abergwaun. Cafwyd ateb fel ergyd o wn.

'O adnabod Liz, fe wnâi hi brynu'r lle.'

Aeth yn brynhawn a do, fe wnaeth hwyrhau. Gadawodd y criw o un i un. Ond ddim cyn i Burton drefnu y byddai rhan fechan - rhyw gameo bach – i T.H. yn y ffilm. Pan wyliwch chi'r ffilm y tro nesaf, edrychwch am yr olygfa lle mae hen foi yn gorwedd mewn pram. T.H. yw hwnnw.

Cyn gadael, cofiais am fy nghopi o *Under Milk Wood*. Gofynnais i Burton a fyddai mor garedig â'i arwyddo i mi. Fe wnaeth. Ar dudalen 89, gyferbyn â'i enw yn rhestr cast y darllediad cyntaf o'r ddrama, fe lofnododd ei enw. Mae'r ysgrifen mor glir heddiw ag yr oedd pan y'i torrwyd dros 30 mlynedd yn ôl.

Bu'n ddiwrnod proffidiol. Cariwyd fy stori i a lluniau Ray Daniel ar dudalen flaen a thudalennau canol *Y Cymro*, ac enillais wobr o ddeg punt gan grŵp Papurau Newydd Gogledd Cymru am stori orau'r mis. Cildwrn bach defnyddiol iawn ar y pryd.

Nid honna oedd yr unig sgŵp i mi ei chanfod. Fi oedd y cyntaf i ganfod stori *Operation Julie*, y cyrch cyffuriau mwyaf yn Ewrop ar y pryd. Fi hefyd wnaeth dorri stori *Operation Tân*, ymateb aflwyddiannus yr heddlu i ddal llosgwyr tai haf. Yn y ddau achos fe wnes i drosglwyddo fy ngwybodaeth i Jim Price o'r *Daily Express*.

Rhaid cydnabod un methiant llwyr. Tra roedd y Tywysog Charles yn Aberystwyth ddechrau 1969 roedd hi'n wybodaeth gyffredinol fod rhai o'r myfyrwyr wedi eu recriwtio fel ysbïwyr a bod hyd yn oed plismon yn byw fel myfyriwr yn Neuadd Pantycelyn (cyn bod honno'n neuadd Gymraeg wrth gwrs!). Gwadu wnaeth yr awdurdodau, wrth gwrs, ac fe gymerodd ddeng mlynedd ar hugain cyn i'r gwir ddod i'r fei, a hynny drwy ryddhau dogfennau swyddogol yr Archifdy Gwladol yn Kew, Llundain. Oedd, roedd plismon ym Mhantycelyn yn byw fel myfyriwr er nad oedd ganddo gymaint ag un pwnc Lefel 'A'. Ei enw oedd David Alun Davies o Langennech. Dringodd i safle Uwch Arolygwr a bu farw ychydig flynyddoedd yn ôl. Dengys y dogfennau hefyd i'r Prifathro Thomas Parry recriwtio tri myfyriwr i helpu i gadw croen Carlo'n iach. Bu un yn Aelod Seneddol, un arall yn ddarpar ymgeisydd Seneddol ac mae un arall bellach yn Warden yn y neuadd lle bu'n gymydog agosaf Carlo. Eu henwau? Neil Hamilton, Rhion Herman Jones a Geraint Evans. Cadarnhawyd hyn oll ar raglen deledu gan Rhion Herman Jones.

Mae'n well gen i hyd heddiw gwmnïaeth newyddiadurwyr y papurau, ac yn arbennig newyddiadurwyr y papurau wythnosol na'r rheiny sy'n cyfrannu i radio a theledu. Mae newyddiadurwyr y papurau bach â'u traed ar y ddaear. Mae gen i amheuaeth o'r rheiny sydd â gradd coleg academaidd yn hytrach na gradd coleg bywyd.

Gydag eithriadau disglair, mae newyddiadurwyr y cyfryngau'n rhy barod i fodloni ar ddatganiadau swyddogol sy'n disgyn ar eu desgiau fel dail yr hydref. Mae ambell un yn rhy ddiog – neu'n rhy anwybodus – i ailwampio'r datganiadau swyddogol hyn gan dderbyn popeth a deflir atynt gan y doctoriaid sbin yn ddi-gwestiwn.

Pa mor hir bynnag yw'r gynffon o raddau sydd ynghlwm wrth enwau rhai o'r rhain, dylent beidio ag anghofio defnyddioldeb greddf, y reddf o fod yn y man iawn ar yr adeg iawn. Ochr yn ochr â newyddiadurwyr teledu a radio, hen hacs yw pobol fel fi, hen asynnod sydd wedi eu cau allan o stablau moethus y ceffylau o frîd ac sy'n gorfod bodoli ar wellt, ysgall ac eithin byd y wasg brintiedig. Ond diawl, fel hen asyn Chesterton gynt, fe gefais innau f'awr, 'yr awr bereiddia erioed'. Awr fwyaf a melysaf fy mywyd.

Do, fel glywais innau'r Llais.

# Dyn yr hanner coron

Pan aethpwyd ati i wneud casgliad ariannol ar gyfer sefydlu tîm pêl-droed ym Mhontrhydfendigaid, y cyntaf i daflu ei hatling i'r het oedd Guy Morgan.

Fe gyfrannodd dipyn yn fwy na hatling, yn nhermau ariannol – hanner coron, i fod yn fanwl, ond i Guy roedd hanner coron, fel yn achos hatling yr hen wraig, yn fwy na allai ei fforddio.

Sefydlwyd clwb pêl-droed y Bont mewn pryd i gystadlu yn ail adran Cynghrair Aberystwyth a'r Cylch yn nhymor 1947. Bellach, dyma'r unig glwb yn y gynghrair sydd wedi bod yno'n ddi-dor o'r cychwyn, ac erys Guy yn rhan o chwedloniaeth y dyddiau cynnar.

Roedd Guy yn gymeriad hynod iawn. Ar ddiwrnod gêm gwisgai gap tîm hoci iâ y *Moose Jaw Royals* o Ganada. Bu Guy yn byw yno am gyfnod. Gwisgai hefyd flêsyr wen, ac ar y boced uchaf arddangosai fathodyn sgwâr wedi'i lunio o ddau driongl clytiog o fewn ffurf sgwâr, un triongl coch ac un glas. Gwisgai hefyd bâr o shorts, sanau gwlân a phâr o sgidiau â'u blaenau, am ryw reswm, yn troi i fyny. Ac yn ei law dde, chwifiai hances boced. Guy oedd y llumanwr hunanbenodedig.

Weithiau, pan na fyddai dyfarnwr yn gweld yn dda i fod yn bresennol, neu heb gyrraedd am ei fod ar goll ar un o ffyrdd bach perfeddion cefn gwlad gogledd Sir Aberteifi, cyfnewidiai Guy yr hances am y whisl. Wedyn, gallai unrhywbeth ddigwydd, ac yn aml, fe wnâi.

Un tro dyfarnodd gic o'r smotyn i'r gwrthwynebwyr heb

unrhyw reswm amlwg dros wneud hynny. Ar ddiwedd y gêm, esboniodd Guy ei benderfyniad:

'Fe wnes i roi penalti yn erbyn y Bont er mwyn sbeitio Dic Hopkins.'

Dic Hopkins oedd golwr y Bont. Ac am ryw reswm dirgel, roedd Guy wedi cymryd yn ei erbyn.

Bryd arall, a hanner y gêm wedi'i chwblhau, fe sylweddolodd aelod o dîm y gwrthwynebwyr fod gan y Bont ddeuddeg chwaraewr ar y cae. Daeth Guy i benderfyniad. Heb ofyn i gapten y Bont pwy ddylai adael, fe ddanfonodd Ronnie John, un o'n chwaraewyr gorau, o'r cae. Pam Ronnie? Am fod Guy yn teimlo mai Ronnie ddylai gael mynd.

Dyn bach eiddil yr olwg oedd Guy gyda phig ei gap yn isel dros ei lygaid. O dan ei drwyn gwisgai fwstás Hitleraidd. Fedra' i ddim cofio'i weld yn cerdded erioed. Byddai ar drot barhaol, ac yn ogystal â bod yn gefnogwr pêl-droed brwdfrydig, roedd e hefyd yn heliwr digyfaddawd. Honnai iddo saethu eirth yng Nghanada. Ceir stori apocryffaidd amdano tra allan yn saethu ffesantod yng nghwmni un o fyddigions yr ardal, Arglwydd Lisburne, sgweier Y Trawsgoed a'i griw. Yn ymyl Maes Llyn gwelwyd ceiliog ffesant yn cerdded ar draws y ffordd. Cododd Guy ei wn ac anelodd.

Roedd yr hen Arglwydd Lisburne, beth bynnag arall fedrai unrhyw un ddweud amdano, yn heliwr teg, a mynnai i'r ffesant gael cyfle cyfartal. Hynny yw, os oedd anelu dau ddwsin o ynnau at un aderyn er mwyn ei chwythu allan o'r awyr yn gwmwl o blu, yn gyfle cyfartal. Gosododd ei law ar faril dryll Guy a'i atal rhag tanio.

'Morgan, Morgan,' twt-twtiodd yr Arglwydd, 'fyddech chi byth yn saethu ffesant tra mae hwnnw'n cerdded, does bosib?'

'Na fyddwn,' atebodd Guy. 'Fe wna' i aros iddo fe stopio yn gynta.'

Mae'n amheus a wnaeth yr Arglwydd ei ddeall. Ganwyd Guy, druan, gydag anfantais greulon. Doedd ganddo ddim tafod. Amharai hynny'n ddrwg iawn ar ei leferydd.

Ychwanegai at ei hynodrwydd, wrth gwrs.

Wnâi neb fod mor greulon â'i wawdio oherwydd ei anfantais. Ond anodd weithiau fyddai peidio â gwenu. Gofynnodd gwestiwn unwaith i Arwyn Brynhope, ffermwr ifanc a oedd hefyd yn gefnwr cadarn i'r tîm pêl-droed, cwestiwn a swniai fel:

'El mi, un-ôp, eni îll on the og?

Doedd neb yn deall nes i Guy gyfeirio tua'r gors a chwifio'i freichiau a gwneud sŵn cwacian. A dyma ddeall. Cwestiwn Guy oedd:

*'Tell me, Brynhope, any geese on the bog?'*

Byddai wrth ei fodd yn gwylio'r bechgyn lleol yn ymarfer, yn enwedig y plant. Ei ffefryn ymhlith y plant oedd David Williams, ac mae'n amlwg fod Guy wedi gweld rhyw addewid mawr yn David, neu Dias, fel y daeth pawb i'w adnabod. Datblygodd hwnnw i fod yn chwaraewr dawnus a sgoriodd, tra'n chwarae dros y Bont, Llanidloes ac Aberystwyth, gyfanswm o dros fil o goliau. Bu farw'n ddyn ifanc ac mae eisteddfa ar faes Coedlan y Parc yn Aberystwyth wedi'i henwi ar ei ôl.

Dau brif destun Guy, tra'n trafod pêl-droed fyddai 'Ellmi' ac 'Anlli'. 'Ellmi' oedd seren Portiwgal, Eusebio, ac 'Anlli' oedd Swansea, ei hoff dîm.

Dros y blynyddoedd fe lwyddodd tîm y Bont i ddenu chwaraewyr a oedd yn gymeriadau ynghyd â chymeriadau a oedd yn chwaraewyr, heb sôn am gefnogwyr egsentrig fel Guy. Adeiladwyd y tîm gwreiddiol ar graig, neu'n hytrach ar ddwy graig – Jim a Moc. Dau o fechgyn Ffair Rhos oedd Jim Glangors a Moc Brynrhosog, a nhw oedd y ddau gefnwr ôl.

Eraill a fu'n sêr yn y blynyddoedd cynnar oedd Wil, brawd Moc, a Dai Hughes yng nghanol y cae. A Toss Hughes wedyn, asgellwr chwim fel wennol. Doedd e ddim yn beniwr o gwbwl. Unwaith, fe sgoriodd y gôl a enillodd gwpan i'r Bont. Ond nid ei ben a ddefnyddiodd. Flynyddoedd cyn bod sôn am Law Duw Maradona, fe sgoriodd Toss y gôl hollbwysig â'i ddwrn.

Cofiaf Wil Meredith wedyn yn sgorio cracyr o gôl yn erbyn Talybont. Tyngaf na chododd y bêl fwy na modfedd o'r ddaear ar ei gwib ugain llath i'r rhwyd. Roedd hi'n ergyd mor filain, synnwn i ddim na wnaeth hi losgi llwybr drwy borfa Coedlan y Parc. Yn ddiweddarach profodd ei fab, John, i fod yn un o'r amddiffynwyr canol gorau yn hanes y clwb.

Y ystod pumdegau cafwyd cymeriadau fel Huw y Garej, y cyntaf erioed i mi ei weld yn cyflawni'r llithr-dacl. Rhedai tuag at ei wrthwynebydd ac yna, tua phedair llathen oddi wrtho, fel âi ar lithr, un droed ag un ben-glin ar y ddaear. Gorffennai ei hyrddiad gyda'r bêl yn ddiogel rhwng ei droed a'i ben-glin tra'i wrthwynebydd yn fflat ar ei din lathenni o'i ôl. Rowland Arch wedyn, un bach, cadarn na wyddai beth oedd ystyr ildio.

Byddai'r rhan fwyaf o'r timau eraill yn y cynghrair yn hanu o Aberystwyth, ac edrychent ar chwaraewyr y Bont fel rhyw gewri barbaraidd ac anwaraidd. O ystyried fod nifer ohonynt yn fechgyn cyhyrog cefn gwlad, roedd ganddynt achos dros eu parchedig ofn, a chyfrinach llwyddiant y Bont, ar dywydd gwlyb pan fyddai'r ddaear yn drwm, fyddai gadael y bêl ledr i drochi mewn bwcedaid o ddŵr dros nos nes ei bod fel lwmp o blwm. Llwyddai'n bechgyn ni i'w chicio fel pluen, ond prin y medrai cadiffans y dre ei symud droedfedd. Erbyn hyn, mae hanes y clwb yn gymysgedd o ffaith a chwedl, ond taera Jim Glangors fod yna elfen o wir yn y stori honna, ac i'r dacteg gael ei defnyddio'n llwyddiannus ar un adeg yn erbyn Llanilar.

Yr oedd yna dimau eraill o'r wlad, wrth gwrs, ond tueddent i fod yn agos, yn ddaearyddol, at Aberystwyth. Dyna i chi Lanfarian, Talybont a Bow Street, ond roedd hi'n stori arall yn Nhrefeurig. Ganddynt hwy oedd yr unig lain a welais erioed ar lechwedd mynydd. Disgwyliwn weld Alun Mabon yn cyrraedd gyda'i aradr unrhyw funud! Petai'r bêl yn cael ei chicio dros y ffin isaf, pen ei thaith fyddai gwaelod Banc y Daren.

Camgymeriad fyddai priodoli'r holl lwyddiant i fechgyn caib a rhaw yn unig. Roedd amryw ohonynt wedi gadael, dros dro, i fagu profiad yn y fyddin gan ddod â'u sgiliau newydd adref. Roedd eraill yn fyfyrwyr mewn coleg eglwysig yn Ystrad Meurig – yma y deuai bechgyn ifainc i astudio ar gyfer yr offeiriadaeth, llawer ohonynt hwythau'n syth o'r fyddin. Cyfeirid atynt gan John Blaengorffen fel 'hadau ffeiriadon'. Cofiaf mai enw un ohonynt oedd Sutton. Ac ar fore'i gêm gyntaf i'r clwb fe aeth Iori Bach ar grwydr drwy'r pentref i gyhoeddi fod Satan i chwarae dros y Bont.

Cychwynnodd y tîm chwarae eu gemau ar Rock Villa, cae Sam Davies. Doedd yno ddim rhwydi bryd hynny. Ddim hyd yn oed ddau drawst. Clymid rhaff rhwng topiau'r pyst, a blawd llif fyddai'n marcio'r ffiniau yn hytrach na chalch. Cofiaf Wil Bronceiro unwaith yn marcio'r llinellau ffin ag aradr un-gwys.

Symudwyd wedyn i chwarae ar wahanol gaeau Dolfawr cyn i haelioni'r miliwnydd lleol, Syr David James, ddod i'r adwy. Crëwyd Parc Pantyfedwen drwy uno dau gae a'u gwastoti. Codwyd neuadd a chanolfan gymunedol yn cynnwys stafelloedd newid. Gwellwyd unwaith eto ar y rheiny yn ddiweddar gyda'r canlyniad fod gan glwb y Bont adnoddau gwell na'r rhelyw o glybiau Cynghrair Cymru.

Nôl yn y pumdegau llwyfannwyd gêm i'w chofio yn y Bont – gêm rhwng ffermwyr a bugeiliaid. Erbyn hyn, mae hi'n ddigon anodd canfod ffermwr yn yr ardal heb sôn am faesu tîm ohonynt. Ac am fugeiliaid, does yno ddim un a allai weithredu hyd yn oed fel llumanwr.

Hysbysebwyd y gêm fawr yn ffenestri'r siopau lleol fel *Clodbashers v Sheepslashers*. Un o aelodau tîm y ffermwyr oedd Mr Gaunt, a ffermiai ym Maeselwad. Cyrhaeddodd yn syth o chwynnu maip, ac yn ei ddillad a'i sgidiau gwaith, ac yn bridd coch o'i ben i'w draed fe hyrddiodd ei hun i'r ffrae. Gyda'i gic gyntaf, hitiodd y bêl tua ugain llathen i'r awyr. Doedd Spwtnic Gagarin yn ddim o'i chymharu â lansiad Mr Gaunt. Ac yno yn yr entrychion, fel rhyw loeren wallgof, fe ffrwydrodd y bêl. A phwy oedd y dyfarnwr a wirfoddolodd i gadw trefn – neu'n hytrach anhrefn – ar y cyfan? Ie, Guy Morgan.

Hanai Guy o deulu parchus. Roedd ei dad yn feddyg teulu

amlwg, a'i frawd yn dwrne. Ond Guy oedd y ddafad ddu –
doedd ganddo ddim cartref parhaol, ond am flynyddoedd bu'n
lletya yn Llys Teg, lle cafodd y gofal gorau posib gan y
perchennog, Yolande Spender.

Ddiwedd ei oes fe'i cludwyd i ysbyty'r claf eu meddwl yng
Nghaerfyrddin, ac yno bu farw. Fe'i claddwyd yng
Nghaerfyrddin mewn bedd di-gofnod ym mynwent y tlodion
heb i neb o'r Bont fedru gwneud unrhywbeth i newid y sefyllfa.

Dydi Guy ond yn un a fu'n gefn i glwb y Bont, ond ef oedd
un o'r rhai cyntaf. Mae yna eraill mewn llinach gyfoethog, yn
ddolenni mewn cadwyn arian sy'n ymestyn yn ôl ac sydd wedi
clymu chwaraewyr a chefnogwyr wrth ei gilydd ar hyd y
blynyddoedd. Dyma'r bobl wnaeth sicrhau y byddai'r clwb yn
dal i gerdded ymlaen. Ni fyddai eu henwau'n golygu unrhyw
beth i'r mwyafrif mawr y tu allan i'r ardal, ond haeddant gael
eu henwau wedi'u cofnodi. Tom Evans, neu Tom Wellington, a
reolai â dwrn haearn ond gyda chalon feddal. Molly Bates, a
gyflawnodd lafur cariad am flynyddoedd drwy olchi dillad y
tîm. Morgan Jenkins, un o'r ffyddlonaf erioed. Cyril Farnworth,
tafarnwr Seisnig a gŵr bonheddig a lywiodd yr ochr weinyddol
am rai blynyddoedd. Dic Hopkins, y cyn-golwr a ofalai am y
cae fel petai'r tir yn erw sanctaidd. Robert Davies, yr addfwynaf
o fechgyn, a gymerwyd yn ifanc gan hen elyn na ŵyr ystyr
chwarae teg. A'r siriol John Jones Y Fron, neu John Seren, oedd
â wyneb fel talp o'r haul. Ef oedd yn un o olynwyr Guy fel
llumanwr. Collwyd yntau ym mlodau ei ddyddiau.

Erbyn heddiw mae cymaint â deg o chwaraewyr y Bont
wedi cynrychioli eu gwlad ar ryw lefel neu'i gilydd – record
hynod i glwb bach cefn gwlad. Un o'r rhain oedd Wil Lloyd, a
gafodd ei wahodd pan yn llanc i chwarae ar brawf gan Ddinas
Caerdydd. Ond ar ôl ychydig ddyddiau, adre y daeth Wil –
roedd y gwreiddiau yn ei lusgo nôl wrth i hiraeth am ei fro ei
lethu.

Heddiw mae'r clwb yn dal mewn dwylo diogel, ac fe wna
tra bod dynion fel Ken Tŷ Bach a Lloyd Bwlchgwynt wrth y

llyw. Mae'r ddau yn arwyr a roddodd bopeth, gorff ac enaid, i glwb y Bont. John Jones, y rheolwr wedyn, a wnaeth wrthsefyll y llanw a foddodd gymaint o glybiau bach eraill. A Richard Jones, neu Dici Mint, sydd dros ei ddeugain oed ond yn dal i chwarae fel rhyw ddeinamo sy'n gwrthod llosgi allan.

Tra bûm i'n chwarae, wnes i ddim ennill cymaint ag un fedal, ond mae hynny'n dweud mwy am fy methiant i nag am fethiant y tîm. Ac os yw'r silff ben tân yn hesb o dlysau, mae fy mhen yn orlawn o atgofion melys sydd ynghlwm â'r clwb.

Mae pentrefi'r Bont a Ffair Rhos y dyddiau hyn, fel pob ardal wledig arall yng Nghymru, wedi newid yn arw dros y blynyddoedd. Pa glwb arall yng Nghymru fedr gynnal ei gyfarfodydd wythnosol a'i ginio blynyddol gant y cant drwy gyfrwng yr iaith Gymraeg? A pharhau mae'r clwb. Fe welwyd dyddiau gwell o ran ennill gwobrau, mae'n wir. Ond mae'r un mor wir na fyddai yna gymaint o ysbryd cymunedol yn bodoli yn y fro heddiw heb bresenoldeb y clwb pêl-droed dros gyfnod o dros hanner-canrif.

Llwyddodd y clwb i gyfannu'r fro. Llwyddwyd hefyd i greu cwlwm rhwng tîm y Bont â myfyrwyr Cymraeg yn Aberystwyth. Ymhlith cyn-chwaraewyr y Bont mae Bryn Fôn, Robin Ifans a Mei Jones, y tri, mewn gwahanol ffyrdd, wedi cyfrannu i un o gyfresi mwyaf cofiadwy S4C, *C'mon Midffild*. I gefnogwyr y Bont does dim angen rhyw graffter anarferol i ganfod elfennau o rai cymeriadau lleol ym mhersonoliaethau Arthur Picton a Wali.

Mae'r cyfan yn mynd yn ôl at Guy Morgan. Heb Guy mae'n bosib na fyddai'r ddwy gymuned yng ngogledd Sir Aberteifi, y Bont a Ffair Rhos, wedi bodoli fel ag y maent. Mae'n bosib na fyddai'r Gymraeg yn iaith mor fyw yn y fro o hyd. Mae'n bosib na fyddai yna chwaraewr fel Dias wedi'n gwefreiddio ni fel y gwnaeth. Mae'n bosib na fyddai'r fath raglen â *C'mon Midffild* wedi bodoli. Mae'n bosib na fyddwn yn medru dwyn llawer o'r atgofion cynnes hyn i gof heddiw. Pwy â ŵyr?

Ond mae'n braf meddwl mai hen foi diddrwg fel Guy

Morgan, sy'n gorwedd ym mynwent y tlodion, a'n cadwodd ni
– lawer ohonom ar wasgar erbyn hyn – yn bobol sy'n methu
gollwng gafael ar y pethe.

Hwyrach i'r hen Guy diniwed wneud mwy na helpu i
sefydlu clwb pêl-droed. Hwyrach iddo ef a'i hanner coron brin
sicrhau hefyd na wnaiff llaid cae pêl-droed y Bont fyth sychu
dan wadnau'n sgidiau ni, blant y fro ddoe a heddiw.

Ac yfory hefyd, gobeithio.